해커스변호사

헌법

Constitutional Law

명품 **2023년 하반기**
중요판례

 해커스변호사

서문

Ⅰ. 이 책의 기획의도

변호사시험, 법원행정고시, 공무원시험 등 국가고시의 가장 큰 특징은 최근 판례의 대거 출제라 할 수 있습니다. 이러한 경향은 향후 시험에서도 유지되리라 생각합니다.

따라서 향후 시험을 대비하는 수험생들은 이러한 경향에 맞추어 최신판례인 2023년 판례에 대해서 철저히 준비해야 할 것입니다. 이런 점을 고려하여 수험생들이 최신판례를 효율적으로 공부할 수 있도록 이 책을 기획하게 되었습니다.

Ⅱ. 이 책의 특징과 활용법

1. 2023년 7월 ~ 12월 판례의 게재

2023년 6월 판례까지는 저의 [해커스변호사 헌법 2023년 상반기 중요판례]에 이미 실려 있으므로 이 책에서는 2023년 하반기(7월~12월) 판례만을 게재합니다.

2. 중요판례 및 기타 요약판례의 선정

2023년 하반기 헌재판례 중 시험에 출제될 가능성이 있는 판례를 선정하였고, 특히 전문을 살펴 볼 필요가 있는 판례를 중요판례로 선정하였습니다. 그 외 출제가능성이 있는 판례는 요약판례로 소개하였습니다.

3. 판시사항의 정리 및 중요부분 밑줄처리

모든 판례의 판시사항을 정리하였는데, 이는 객관식(선택형) 시험에서는 OX를 결정하는 결론 부분에 해당하고, 주관식(사례형·기록형) 시험에서는 '논점의 정리(쟁점의 정리, 문제의 소재, 문제의 제기)'에 해당하는 정말 중요한 부분입니다. 그리고 본문에서 판시내용 중 컬러음영처리한 부분은 특정 사건에 관계없이 일반적으로 통용되는 헌법이론(판례법리)에 관한 것으로서 그 자체 그대로 시험에 출제될 수 있으며, 판시내용 중 밑줄 친 부분은 당해 사건의 판시이유 중 중요부분에 해당합니다. 따라서 수험생들은 이 책을 처음 공부할 때에는 컬러음영처리한 부분 및 밑줄 친 부분 위주로 하여 판시내용 전체적으로, 2회독 때부터는 판시사항과 컬러음영처리한 부분 및 밑줄 친 부분 위주로, 최종정리 때에는 판시사항 위주로 각 정리하는 방법이 효율적입니다. 2~3회독 때부터는 판시사항을 읽고 판결내용이 떠오르면 판결내용을 간단히 확인만 하거나 읽지 않고 생략하셔도 무방합니다.

4. 중요한 반대의견의 소개

비록 법정의견은 아니지만, 그에 못지않게 중요한 의미가 있는 반대의견을 소개하였습니다. 객관식시험에서는 법정의견을 정답으로 하기 때문에 객관식시험을 준비하는 독자는 이 부분을 생략하셔도 됩니다. 그러나 주관식시험에서는 반드시 법정의견을 따를 필요가 없고, 경우에 따라서는 반대의견이 더 논리적이라 할 수 있으므로 주관식시험을 준비하는 독자는 이 부분을 참고하여 공부하기를 바랍니다.

5. 무료강의의 활용

헌법판례는 일견 판시내용이 어렵지 않아 보이므로 강의의 도움이 불요할 것 같지만 실제로는 판시내용의 방대성·추상성 등으로 인하여 단시간에 그 내용을 정확히 이해하고 정리하기가 결코 쉽지 않습니다. 특히 시험이 임박한 시기에 공부해야만 하는 최신판례에 대한 강의의 필요성은 아무리 강조해도 지나치지 않다고 생각합니다. 따라서 혼자서 정리하려다가 불필요한 시간낭비를 하는 낭패를 방지하고 효율적인 공부를 위해서 반드시 최신판례 무료특강(동영상 포함)을 이용하시기 바랍니다.

Ⅲ. 부탁의 변

시험이 다가올수록 절대로 분량을 늘리는 방식이 아닌 분량을 줄이는 방식의 공부를 하셔야 합니다. 그러나 최신판례에 있어서만큼은 상황이 다르므로 지나치게 분량을 줄이는 방식의 공부는 오히려 위험하다고 생각합니다. 다시 한 번 말씀드리지만 최신판례 특성상 한번이라도 확인하고 시험장에 들어가는 것과 그렇지 않은 것은 천양지차이므로 아무리 시간이 없다하더라도 무료특강을 이용하여 반드시 숙지하고 시험에 임하시기 바랍니다.

Ⅳ. 마무리 인사

마지막으로 이 책과 제 강의가 수험생 여러분들의 꿈을 이루는데 도움이 되기를 진심으로 기원합니다.

2024. 1. 2.

도헌(道憲) 공법연구소에서

김유향

목차

부록

합격을 꿈꾼다면, 해커스변호사
law.Hackers.com

제1편

중요판례

제1편 | 중요판례

01 외국인 국민건강보험 지역가입자의 보험급여 등 제한 사건

> **2023.9.26. 2019헌마1165** 【국민건강보험법 제109조 제10항 등 위헌확인】　　**[헌법불합치, 기각, 각하]**

1. 사건의 개요

1. 청구인 강○○는 우즈베키스탄 국적(고려인) 외국인으로서 그의 어머니[재외동포(F-4)], 성년인 자녀[방문취업 (H-2)] 1명과 함께 방문취업(H-2) 체류자격으로 대한민국에서 체류 중인 사람이다. 청구인 강○○는 2018. 11. 6. 국민건강보험에 지역가입자로 임의가입하여 현재까지 그 자격을 유지하고 있다. 청구인 강○○의 어머니 및 성년인 자녀는 2019. 1. 15. 법률 제16238호로 개정된 국민건강보험법 제109조 제3항이 시행된 날인 2019. 7. 16. 국민건강보험 지역가입자로 당연가입되었다.

2. 청구인 샤ㅁㅁ는 시리아 국적 외국인으로서 그의 어머니(76세), 배우자, 성년인 자녀 1명, 미성년 자녀 3명과 함께 대한민국에서 체류 중인 사람이다. 청구인 샤ㅁㅁ와 그의 가족은 모두 '기타: 인도적 체류'(G-1-6)자격을 가지고 있고, 2019. 7. 16. 국민건강보험에 지역가입자로 당연가입되었다.

3. 청구인들은 장기체류 외국인의 국민건강보험 지역가입자 보험료 산정방식, 보험료 체납 시 불이익에 관한 국민 건강보험법, 출입국관리법 및 보건복지부 고시 조항들이 청구인들의 기본권을 침해한다고 주장하며, 2019. 10. 11. 이 사건 헌법소원심판을 청구하였다.

2. 심판의 대상

국민건강보험법(2019. 1. 15. 법률 제16238호로 개정된 것)

제109조(외국인 등에 대한 특례) ⑩ 공단은 지역가입자인 국내체류 외국인등(제9항 단서의 적용을 받는 사람에 한정한다)이 <u>보험료를 체납한 경우에는 제53조 제3항에도 불구하고 체납일부터 체납한 보험료를 완납할 때까지 보험급여를 하지 아니한다.</u> 이 경우 제53조 제3항 각 호 외의 부분 단서 및 같은 조 제5항·제6항은 적용하지 아니한다.

출입국관리법(2019. 4. 23. 법률 제16344호로 개정된 것)

제78조(관계 기관의 협조) ② 법무부장관은 다음 각 호의 직무를 수행하기 위하여 관계 기관에 해당 각 호의 <u>정보 제공을 요청할 수 있다.</u>

　3. 외국인체류 관련 각종 허가 심사: 범죄경력정보·수사경력정보, 범칙금 납부정보·과태료 납부정보, 여권발급정보·주민등록정보, 외국인의 자동차등록정보, 사업자의 휴업·폐업 여부에 대한 정보, 납세증명서, 외국인의 조세체납정보, <u>외국인의 국민건강보험 및 노인장기요양보험 관련 체납정보</u>, 외국인의 과태료 체납정보, 가족관계등록 전산정보 또는 국제결혼 중개업체의 현황 및 행정처분 정보

구 장기체류 재외국민 및 외국인에 대한 건강보험 적용기준(2019. 7. 11. 보건복지부고시 제2019-151호로 개정되고, 2021. 2. 26. 보건복지부고시 제2021-63호로 개정되기 전의 것)

제6조(지역가입자 보험료의 부과·징수 등) ① 지역가입자로서 영 제76조의4에 해당하는 국내체류 외국인등의 보험료 부과 기준은 별표 2와 같다.

[별표 2] 지역보험료 산정 기준(제6조 제1항 관련)

    1. 재외국민 및 외국인인 지역가입자의 보험료는 제3호의 기준에 따른 세대 단위로 내국인인 지역가입자와 동일한 기준에 따라 산정한다. 다만, 그 산정된 보험료[세대주의 체류자격이 영주(F-5) 또는 결혼이민(F-6)인 지역가입자 세대의 보험료는 제외한다. 이하 제4호에서 같다]가 평균보험료에 미치지 못하는 경우에는 그 평균보험료를 보험료로 한다.

    4. 재외국민 및 외국인인 지역가입자의 보험료는 그 개인을 각각 하나의 세대로 보고 산정한다. 다만, 공단은 본인의 신청이 있는 경우에는 공단이 정하는 바에 따라 그 본인을 세대주로 하고 재외국민 또는 외국인인 배우자(사실혼 관계에 있는 사람은 제외한다) 또는 19세 미만의 자녀(배우자의 자녀를 포함한다)를 세대원으로 세대를 구성할 수 있다.

3. 주 문

1. 국민건강보험법(2019. 1. 15. 법률 제16238호로 개정된 것) 제109조 제10항은 헌법에 합치되지 아니한다. 위 조항은 2025. 6. 30.을 시한으로 입법자가 개정할 때까지 계속 적용된다.

2. 구 장기체류 재외국민 및 외국인에 대한 건강보험 적용기준(2019. 7. 11. 보건복지부고시 제2019-151호로 개정되고, 2021. 2. 26. 보건복지부고시 제2021-63호로 개정되기 전의 것) 제6조 제1항에 의한 별표 2 제1호 단서 및 제4호에 대한 심판청구를 모두 기각한다.

3. 출입국관리법(2019. 4. 23. 법률 제16344호로 개정된 것) 제78조 제2항 제3호 중 '외국인의 국민건강보험 관련 체납정보'에 관한 부분에 대한 심판청구를 각하한다.

Ⅰ. 판시사항

1. 내국인 및 영주(F-5)·결혼이민(F-6)의 체류자격을 가진 외국인(이하 '내국인등')과 달리 외국인 지역가입자에 대하여 납부할 월별 보험료의 하한을 전년도 전체 가입자의 평균을 고려하여 정하는 구 '장기체류 재외국민 및 외국인에 대한 건강보험 적용기준' 제6조 제1항에 의한 별표 2 제1호 단서(이하 '보험료하한 조항')가 외국인 지역가입자인 청구인들의 평등권을 침해하는지 여부(소극)

2. 내국인등과 달리 보험료 납부단위인 '세대'의 인정범위를 가입자와 그의 배우자 및 미성년 자녀로 한정한 위 보건복지부고시 제6조 제1항에 의한 별표 2 제4호(이하 '세대구성 조항')가 청구인들의 평등권을 침해하는지 여부(소극)

3. 내국인등과 달리 보험료를 체납한 경우에는 다음 달부터 곧바로 보험급여를 제한하는 국민건강보험법 제109조 제10항(이하 '보험급여제한 조항')이 청구인들의 평등권을 침해하는지 여부(적극)

4. 법무부장관이 외국인에 대한 체류 허가 심사를 함에 있어 보험료 체납정보를 요청할 수 있다고 규정한 출입국관리법 제78조 제2항 제3호 중 '외국인의 국민건강보험 관련 체납정보'에 관한 부분(이하 '정보요청조항')에 대하여 기본권 침해의 직접성 요건이 부인된 사례

5. 보험급여제한조항에 대하여 계속적용 헌법불합치 결정을 선고한 사례

Ⅱ. 정보요청 조항에 대한 적법요건 판단

정보요청 조항은 "법무부장관은 다음 각 호의 직무를 수행하기 위하여 관계 기관에 외국인의 국민건강보험 및 관련 체납정보 제공을 요청할 수 있다."라고 규정하고 있다. 위 조항의 문언에 따르면 보험료 체납에 따라 법무부장관이 체류기간 연장허가 여부 심사(출입국관리법 제25조 참조)를 함에 있어 외국인의 국민건강보험 체납정보를 제공하여 줄 것을 요청하는 행위는 재량행위임이 분명하고, 그러한 법무부장관의 국민건강보험공단에의 정보제공 요청이라는 구체적인 집행행위가 있어야 비로소 청구인들의 기본권 제한 문제가 발생할 수 있다. 결국 청구인들의 정보요청 조항에 대한 심판청구는 기본권침해의 직접성 요건을 결여하여 부적법하다.

Ⅲ. 본안 판단

1. 제한되는 기본권

(1) 보험료하한 조항, 세대구성 조항

(가) 평등권

보험료하한 조항은 외국인으로서 국민건강보험 지역가입자에 당연가입된 자가 매달 부담해야 하는 월별 보험료액의 하한 산정기준을 내국인등과 달리 규정함으로써 이들을 차별취급하고 있다.

세대구성 조항은 지역가입자인 내국인등은 조부모 및 성년인 자녀 등의 가족구성원과 한 세대를 구성하는 경우 이들과 연대납부할 보험료를 한 명에게 부과하는 것과 달리, 외국인의 경우에는 생계를 같이하는 가족 구성원이 배우자 및 미성년자인 자녀가 아니면 모두 별도의 세대로 취급하여 보험료를 개인별로 각각 부과함으로써 차별취급을 하고 있다. 따라서 보험료하한 조항, 세대구성 조항은 외국인인 청구인들을 내국인등과 차별취급하고 있으므로, 청구인들의 평등권을 제한한다.

(나) 인간다운 생활을 할 권리

청구인들은 보험료 하한조항, 세대구성 조항이 청구인들의 인간다운 생활을 할 권리를 침해한다고 주장한다. 그런데 이 부분에 관한 청구인들의 주장 내용은 보험료 산정과 그 부과대상인 세대구성에 있어 내국인등과 동일한 기준을 적용하여야 한다는 점에 초점이 있으므로 보험료 하한조항, 세대구성 조항에 의하여 평등권 침해 여부를 살펴보는 것 외에, 인간다운 생활을 할 권리의 침해 여부에 대해서는 더 나아가 판단하지 않기로 한다.

(다) 그 외 기본권

보험료하한 조항, 세대구성 조항은 청구인들에게 부과될 보험료의 산정방식을 구성하는 규정들로서 금전의 납부를 강제하는 측면이 있으나, 청구인들의 주장 취지는 내국인등과 비교하여 외국인만 지나치게 보험료가 높게 책정되었다는 것이므로 청구인들의 평등권 침해 여부를 살펴보는 이상, 재산권의 침해 여부는 별도로 판단하지 아니한다.

한편, 헌법 제36조 제1항은 혼인이나 가족을 이유로 한 불리한 차별취급을 금지하고 있는데, 세대구성 조항은 가족 등을 이유로 한 차별을 하고 있다고 볼 수 없으므로 이 점 역시 별도로 판단하지 아니한다.

그 외에도 외국인에게 책정되는 국민건강보험료의 금액이 지나치게 높아 각종 복지사업의 수혜대상에서 제외되는 불이익을 주장하는 부분은, 보험료하한 조항이나 세대구성 조항 그 자체의 위헌 여부와는 무관한 별개의 규정의 부당함을 지적하는 것이므로 이에 대하여는 더 나아가 판단하지 않는다.

(2) 보험급여제한 조항

보험급여제한 조항은 외국인 지역가입자에게 내국인등에게 적용되는 예외조치들을 전부 배제하도록 규정하고 있다. 그 결과 외국인 지역가입자는 보험료의 1회 체납만으로도 바로 보험급여가 제한되고, 나중에 체납한 보험료를 납부하더라도 이미 지출한 진료비 중 공단부담금을 소급하여 보험급여로 인정받지 못하는 등 내국인등에 비하여 불리하게 취급되고 있으므로, 청구인들의 평등권이 제한된다.

또한, 청구인들은 외국인 직장가입자는 보험급여 제한에 있어 내국인등과 동일한 기준을 적용받는다는 점을 근거로 보험급여제한 조항이 외국인 지역가입자를 외국인 직장가입자에 비해 차별취급하고 있다고 주장하나, 그 이유로 제시된 것은 내국인등과의 차별취급이 불합리하다고 주장하는 이유와 다르지 않다. 따라서 보험급여제한 조항의 평등권 침해 여부에 있어서 외국인 지역가입자와 외국인 직장가입자 간의 차별취급 문제에 대하여는 별도로 판단하지 않는다.

청구인들은 보험급여제한 조항이 인간다운 생활을 할 권리 등도 침해한다고 주장하나 이러한 주장은 보험료 체납에 따른 보험급여 제한 그 자체보다는, 위와 같은 평등권 침해에 초점이 있다. 따라서 보험급여제한 조항이 청구인들의 평등권을 침해하는지 여부를 중심으로 살펴보는 이상, 인간다운 생활을 할 권리나 재산권 등 나머지 기본권의 침해 여부는 더 나아가 판단하지 않는다.

(3) 이하에서는 위 조항들이 청구인들의 평등권을 침해하는지에 관하여 본다.

2. 보험료하한 조항에 대한 판단

(1) 외국인 지역가입자가 부담하여야 하는 월별 보험료는 내국인과 동일한 기준으로 산정하되, 소득·재산 파악이 어렵거나 산정된 보험료가 전년도 가입자 전체의 보험료 평균을 고려한 금액('평균보험료')에 미달하면 평균보험료를 그의 보험료로 한다.

(2) 내국인등 지역가입자의 경우에는 일반적으로는 가입자가 속한 세대의 구성원 전체를 대상으로 각 세대원의 소득 및 재산에 기반한 보험료부과점수를 산정하고, 합한 점수에 보험료 부과점수당 금액을 곱하여 보험료가 산정된다. 그러나 소득·재산이 일정 기준에 미달하는 세대에게는 위와 같은 방식을 따르지 않고 월별 보험료 하한이 부과되는데, 그 금액은 보험료가 부과되는 연도의 전전년도 평균 보수월액보험료의 1천분의 60 이상 1천분의 65 미만의 범위에서 보건복지부장관이 정하여 고시한다.

구체적인 지역가입자의 월별 보험료 하한은 외국인은 2019년 113,050원, 2020년 123,080원이고, 내국인등은 2019년 13,550원, 2020년 13,980원이다.

(3) 외국인 지역가입자 집단 부분의 적자를 해소하여 보험의 재정건전성을 향상할 필요가 있고, 국민건강보험이 보험의 원리에 따라 운영되는 것이어서 보험급여를 받는 것에 대한 최소한의 자기기여는 있어야 한다는 점에서 외국인 지역가입자에게 실제 소득·재산과 상관없이 일정 금액 이상을 납부하게 한 것은 합리성이 인정된다.

(4) 내국인은 그동안 납부한 보험료의 총합에 비해 보험급여를 일시적으로 많이 받게 되더라도 그 후의 보험료 납부가 일생동안 지속되는 것이 통상적이다. 이에 비해 외국인은 국내 체류가 6개월 이상 되었다 하더라도 한시적인 기간 동안만 국내에 머물고 그 동안에만 국민건강보험에 가입되어 있다. 보험료하한 조항이 보험급여와 보험료 납부의 상관관계를 고려하고, 외국인의 보험료 납부의무 회피를 위한 출국 등의 제도적 남용 행태를 막기 위하여 내국인과 다른 차등적인 보험료하한을 정한 것에는 합리적인 이유가 있다.

(5) 이 사건 보건복지부 고시에서는 외국인에게 체류자격[종교(D-6), 기타(G-1)등]이나 섬·벽지 지역이나 농어촌 지역에 거주하는 등의 요건을 갖춘 경우 보험료를 많게는 50%까지 경감하는 조치도 일부 마련하고 있다. 영주(F-5)·결혼이민(F-6)의 체류자격은 대한민국에 장기간 거주하였으며 상주할 것을 전제로 하거나 배우자가 내국인인 경우에 취득할 수 있는 것으로서 체류 기간이나 체류 의사 측면에서 그 외의 체류자격과는 요건을 달리하기 때문에, 앞서 지적된 것과 같은 외국인의 특성, 즉 언제든지 국외로 출국할 수 있는 상태나 의사를 갖지 않고, 지속적으로 국내에 거주하며 국민건강보험 재정에 기여한다고 볼 수 있다.

(6) 이러한 점을 종합하면, 보험료하한 조항이 외국인에 대하여 내국인등과 다른 보험료하한 산정기준을 적용함으로써 차별취급을 하고 있다고 하더라도 여기에는 합리적인 이유가 있다. 따라서 보험료하한 조항은 청구인들의 평등권을 침해하지 않는다.

3. 세대구성 조항에 대한 판단

(1) 외국인 및 재외국민으로만 세대를 구성할 경우에는 세대주의 배우자 및 미성년 자녀에 한하여 동일세대로 인정받을 수 있다. 반면, 내국인등 지역가입자의 '세대원' 범위는 민법상 가족과, 가족 아닌 자로서 동거하는 사람까지 포함한다.

(2) 외국인은 내국인과 달리 함께 거주하는 가족의 범위를 정확히 파악하기 쉽지 않다. 외국인은 개인별로 외국인 등록을 하고, 예외적으로 외국인등록사실증명에 자신의 동거가족에 관한 사항을 기재하여 국내에서 가족관계에 있음을 확인받을 수 있는 것은 체류자격 자체가 어느 외국인과의 가족관계를 바탕으로 하는 종류에 국한된다. 입법자는 외국인에 대하여 정확한 가족관계 파악이 어려운 상황임을 감안하여, 현재 사회적으로 형성되어 있는 가족구성의 일반적인 형태인 부모와 미혼자녀로 구성되는 소가족의 형태를 반영하여 유형화를 한 것이므로, 불가피한 측면이 있다.

(3) 앞서 보험료하한 조항에서 살펴본 것과 같이 영주(F-5) · 결혼이민(F-6)의 체류자격을 가진 외국인은 체류기간이나 체류 의사 측면에서 다른 체류자격의 외국인들과는 상당한 차이가 있으므로, 세대구성 조항이 일부 체류자격 외국인에 국한하여 내국인과 동일한 기준을 적용한 것은 합리적인 이유가 있다.

(4) 이를 종합하면, 외국인에 대하여 배우자 및 미성년의 자녀 외의 가족은 개인별로 세대를 구성하도록 규정한 것에는 외국인등록제도의 미비점, 한정된 행정력의 한계 등 불가피한 측면이 있으므로 현저히 자의적인 차별취급이라고 할 수는 없다. 따라서 세대구성 조항은 청구인들의 평등권을 침해하지 않는다.

4. 보험급여제한 조항에 대한 판단

(1) 내국인등 지역가입자의 경우 총 체납횟수가 6회 이상이면, 체납한 보험료를 완납할 때까지 그 가입자 및 피부양자에 대하여 보험급여를 실시하지 아니할 수 있다(구 국민건강보험법 제53조 제3항 제1호, 같은 법 시행령 제26조 제1항, 제2항 참조). 따라서 보험료가 6회 이상 체납되었다는 사정만으로 당연히 급여제한이 실시되는 것이 아니고, 공단이 별도의 급여제한 처분을 하여야만 급여제한의 효력이 발생한다. 그러한 보험급여제한 사실은 문서로 통지하여야 한다(같은 법 시행규칙 제27조 제1항 참조). 이때 이미 납부된 체납보험료는 총 체납횟수에서 제외하며, 보험료의 체납기간은 고려하지 아니한다. 또한, 체납한 보험료에 대한 분할납부 승인제도도 있어서, 공단으로부터 분할납부 승인을 받고 그 승인된 보험료를 1회 이상 낸 경우에는 보험급여를 할 수 있다(국민건강보험법 제53조 제5항). 공단이 급여제한기간에 보험급여를 받은 사실이 있음을 가입자에게 통지한 날부터 2개월이 지난 날이 속한 달의 납부기한 이내에 가입자가 체납된 보험료를 완납하거나, 분할납부 승인을 받은 체납보험료를 1회 이상 낸 경우에는 급여제한기간 동안 행해진 진료라 하더라도 소급적으로 보험급여로 인정한다(국민건강보험법 제53조 제6항).

그런데, 외국인 지역가입자는 보험급여제한 조항에 따라, 위와 같은 예외규정들(국민건강보험법 제53조 제3항, 제5항, 제6항)이 모두 적용배제된다.

내국인등과 외국인 지역가입자는 다음과 같은 점에서 보험급여 제한을 달리 실시할 수 있다. 외국인은 그의 재산이 국내에만 있는 것이 아닐 수 있고, 외국에 그의 재산이 대부분 소재한다면 체납보험료에 대한 징수절차(법 제81조 제3항)로는 실효성을 거두기 어렵다. 게다가 의료 현장에서 진료가 이뤄진 경우 해당 진료 내역을 공단이 확인할 수 있는 시점은 약 3개월 이후라고 하는데, 그 동안 외국인은 진료를 마치고 본국으로 출국함으로써 보험료 납부의무를 쉽게 회피할 수 있다.

같은 외국인이라 하더라도 영주(F-5) · 결혼이민(F-6)의 체류자격을 가진 외국인은 해당 체류자격이 가지는 체류 기간이나 체류 의사라는 특징에 비추어 볼 때 그 외의 체류자격과는 보험료 납부기간 · 보험제도에서의 이탈 가능성 등에서 다르기 때문에, 일부 체류자격 외국인에 국한하여 내국인과 동일한 보험급여제한 기준을 적용하도록 한 것 역시 수긍할 수 있다.

(2) 그러나 보험급여제한 조항은 다음과 같은 점에서 외국인에 대하여 내국인등과 보험급여 제한 제도를 달리 규정함에 있어 합리적인 수준을 현저히 벗어난다.

(가) 보험급여제한 조항은 외국인의 경우 보험료의 1회 체납만으로도 별도의 공단 결정 없이 곧바로 그 다음 달부터 보험급여를 제한하도록 규정하고 있다. 따라서 보험료가 체납되어 보험급여가 제한된다는 통지도 실시되지 않는다.

절차적으로 보험료 체납을 통지하는 것은 착오를 시정하고 잘못된 보험료 부과 등에 대한 불복의 기회를 제공한다는 점에서 중요한 반면, 외국인에게 보험료 체납사실을 통지하는 것은 외국인도 외국인등록 내지 체류지 변경 신고를 한다는 점에서 특별히 어렵지 않다.

(나) 다음으로 보험급여제한 조항은 내국인등과는 달리 체납횟수 등의 요건에 있어서 외국인 지역가입자에게 경제적 사정에 따라 보험료 체납에도 불구하고 보험급여를 계속 제공할 수 있는 아무런 예외도 인정하고 있지 않다. 외국인이 보험료를 체납하는 이유에는 보험료 납부의지가 없기 때문만이 아니고, 자력이 없어 보험료를 일시적으로 납부하지 못하는 불가피한 경우도 있다. 그럼에도 불구하고 과거 보험료를 납부해 온 횟수나 개별적인

경제적 사정의 고려 없이 단 1회의 보험료 체납만으로도 일률적으로 보험급여를 제한하고, 체납한 보험료를 사후에 완납하더라도 예외 없이 소급하여 보험급여를 인정하지 않는 것은 빈곤 등 경제적 사유로 평균보험료를 납부할 능력이 없는 외국인 지역가입자에게는 불측의 질병 또는 사고·상해 발생 시 건강에 대한 치명적 위험성에 더하여 가족 전체의 생계가 흔들리게 되는 결과를 낳게 할 수도 있다.

(다) 외국인도 6개월 이상 적법한 체류자격을 가지고 국내에 체류하는 경우 직장가입자에 해당하는 자가 아니면 지역가입자에 당연가입하도록 하고, 국내에 체류하는 한 국민건강보험제도에서의 탈퇴를 불허하는 것은, 단순히 내국인과의 형평성 제고라는 효과뿐 아니라, 사회연대원리가 적용되는 공보험의 수혜대상을 외국인에게도 넓혀 이들에게 보험혜택을 제공한다는 정책적 효과도 가지게 된다.

(라) 독일의 경우 국가가 실시하는 공적 질병보험은, 외국인에게도 내국인과 동일하게 2개월분의 보험료를 체납한 경우 독촉을 실시한 이후에 비로소 보험급여를 제한하고, 그렇다 하더라도 질병의 조기발견을 위한 검진, 급성질병 및 통증질환의 치료와 임신·출산에 필요한 보험급여의 경우에는 보험급여를 제한하지 않는다. 이처럼, 보험재정의 건전화라는 공익을 추구하면서도, 저소득층 외국인 가입자에게 최소한 필수적인 치료에 한하여 보험급여를 제공하는 등 양자 간의 균형을 이루는 방식이 존재한다.

(3) 따라서 보험급여제한 조항은 그 합리적 범위를 벗어나 외국인인 청구인들을 내국인등에 비하여 현저히 불합리한 차별을 하고 있으므로, 청구인들의 평등권을 침해한다.

5. 보험급여제한 조항에 대한 계속적용 헌법불합치결정의 필요성

보험급여제한 조항의 위헌성은 보험급여 제한을 실시하는 것 그 자체에 있는 것이 아니라, 외국인에 대하여 체납횟수와 경제적 사정을 고려하여 보험급여제한을 하지 않을 수 있는 예외를 전혀 인정하지 않고, 보험료 체납에 따른 보험급여 제한이 실시된다는 통지절차도 전혀 마련하지 않은 것에 있다. 그러한 위헌성을 제거하고 합헌적으로 조정하는 데에는 여러 가지 선택가능성이 있고, 입법자는 충분한 사회적 합의를 거쳐 그 방안을 강구할 필요가 있다.

이러한 점들을 감안하면, 보험급여제한 조항에 대하여는 단순위헌결정을 하는 대신 입법자의 개선입법이 있을 때까지 계속 적용을 명하는 헌법불합치결정을 선고함이 타당하다. 입법자는 가능한 한 빠른 시일 내에 개선입법을 하여야 할 의무가 있고, 2025. 6. 30.까지 개선입법이 이루어지지 않으면 보험급여제한 조항은 2025. 7. 1.부터 효력을 상실한다.

Ⅳ. 결론

그렇다면 정보요청 조항에 대한 심판청구는 부적법하여 이를 각하하고, 보험료하한 조항 및 세대구성 조항에 대한 심판청구는 이유 없으므로 이를 모두 기각하며, 보험급여제한 조항은 헌법에 합치되지 아니하나 2025. 6. 30.을 시한으로 입법자의 개선입법이 이루어질 때까지 계속 적용하기로 하여, 관여 재판관 전원의 일치된 의견으로 주문과 같이 결정한다.

결정의 의의

종전에는 선택에 따라 건강보험에 가입할 수 있었던 장기체류 외국인에 관하여 보험의 당연가입을 실시하는 등 국민건강보험법과 같은 법 시행령, 보건복지부 고시가 대폭 개정되어 2019년에 시행되었다. 이 사건에서는 그 중에서도 지역가입자에 속하게 된 외국인들에 대한 보험료 금액의 산정근거인 보험료하한 산정기준과 세대 인정범위, 보험료 체납에 따른 보험급여 제한과 체류 기간 연장허가 심사 시의 보험료 체납정보 요청이 문제되었다. 그 중 보험급여제한 조항에 대해 재판관 전원일치 의견으로 헌법불합치 결정을 선고하였는바, 이에 따라 입법자는 보험급여제한 조항을 2025. 6. 30.까지 개정하여야 하고, 위 시한까지 개선입법이 이루어지지 않으면 보험급여제한 조항은 2025. 7. 1.부터 효력을 상실하게 된다.

> **2023.9.26. 2017헌바42** [국가보안법 제2조 제1항 등 위헌소원]　　　　　　　　　**[합헌, 각하]**

1. 사건의 개요

1. 2017헌바431 및 2020헌바230

   청구인 서○○, 황□□은 이적행위 및 이적표현물의 반포·소지 등의 공소사실로 기소되어 재판 계속 중 국가보안법 제2조, 제7조 제1항 및 제5항에 대하여 위헌법률심판제청을 신청하였으나 기각되자, 이 사건 헌법소원심판을 청구하였다. 다만, 위 청구인들에 대해서는 무죄판결이 확정되었다.

2. 2017헌바443 및 2018헌바116

   청구인 이△△, 서◆◆은 이적단체가입, 이적행위, 이적표현물의 제작·소지·반포·취득 등의 공소사실로 기소되어 재판 계속 중 국가보안법 제2조 제1항, 제7조 제1항, 제3항 및 제5항에 대하여 위헌법률심판제청을 신청하였다가 기각되자, 이 사건 헌법소원심판을 청구하였다. 다만, 위 청구인들의 이적단체가입의 점에 대해서는 면소판결이 확정되었다.

3. 2017헌바42, 2017헌바294, 2017헌바366, 2017헌바432 및 2018헌바225

   위 사건 청구인들은 이적행위, 이적표현물 제작·소지·반포·취득 등의 공소사실로 기소되어 재판 계속 중 국가보안법 제2조 제1항, 제7조 제1항 및 제5항에 대한 위헌법률심판제청신청을 하였다가 기각되자, 위 조항들의 위헌확인을 구하는 이 사건 헌법소원심판을 청구하였다.

4. 2017헌가27 및 2019헌가6

   제청신청인 김▲▲, 김★★, 이◈◈, 이■■, 백▽▽는 이적행위, 이적표현물의 제작·소지·반포·취득 등의 공소사실로 기소되어 재판 계속 중 국가보안법 제7조 제1항 및 제5항에 대하여 위헌법률심판제청을 신청하였고, 제청법원은 위 신청을 받아들여 이 사건 위헌법률심판을 제청하였다.

2. 심판의 대상

국가보안법(1991. 5. 31. 법률 제4373호로 개정된 것)
제2조(정의) ① 이 법에서 "반국가단체"라 함은 정부를 참칭하거나 국가를 변란할 것을 목적으로 하는 국내외의 결사 또는 집단으로서 지휘통솔체제를 갖춘 단체를 말한다. (→ 반국가단체조항)
제7조(찬양·고무 등) ① 국가의 존립·안전이나 자유민주적 기본질서를 위태롭게 한다는 정을 알면서 반국가단체나 그 구성원 또는 그 지령을 받은 자의 활동을 찬양·고무·선전 또는 이에 동조하거나 국가변란을 선전·선동한 자는 7년 이하의 징역에 처한다. (→ 이적행위조항)
③ 제1항의 행위를 목적으로 하는 단체를 구성하거나 이에 가입한 자는 1년 이상의 유기징역에 처한다. (→ 이적단체가입조항)
⑤ 제1항·제3항 또는 제4항의 행위를 할 목적으로 문서·도화 기타의 표현물을 제작·수입·복사·소지·운반·반포·판매 또는 취득한 자는 그 각 항에 정한 형에 처한다. (→ 이적표현물조항)

3. 주 문

1. 청구인 서○○, 황○○의 심판청구와 청구인 이▽▽, 서□□의 국가보안법(1991. 5. 31. 법률 제4373호로 개정된 것) 제7조 제3항 중 '가입한 자'에 관한 부분에 대한 심판청구 및 청구인 김△△, 홍○○, 이▽▽, 서□□, 강○○의 국가보안법(1991. 5. 31. 법률 제4373호로 개정된 것) 제2조 제1항에 대한 심판청구를 모두 각하한다.

2. 국가보안법(1991. 5. 31. 법률 제4373호로 개정된 것) 제7조 제1항 중 '찬양·고무·선전 또는 이에 동조한 자'에 관한 부분과 제7조 제5항 중 '제1항 가운데 찬양·고무·선전 또는 이에 동조할 목적으로 제작·소지·운반·반

포 또는 취득한 자'에 관한 부분은 모두 헌법에 위반되지 아니한다.

Ⅰ. 판시사항

이적행위조항 및 이적표현물조항이 죄형법정주의의 명확성원칙에 위배되는지 여부(소극)

Ⅱ. 판단

1. 각하 부분 이유의 요지

청구인 서○○, 황ㅁㅁ에 대해서는 당해사건에서 무죄판결이 확정되었고, 청구인 이△△, 서◆◆의 이적단체가입조항위반의 점에 대해서는 당해사건에서 면소판결이 확정되었으므로, 청구인 서○○, 황ㅁㅁ의 심판청구 및 청구인 이△△, 서◆◆의 이적단체가입조항에 대한 심판청구는 재판의 전제성이 인정되지 아니한다.

반국가단체조항이 헌법에 위반된다는 일부 청구인들의 주장은 법원의 법률해석이나 재판결과를 다투는 것에 불과하다.

따라서 청구인 서○○, 황ㅁㅁ의 심판청구, 청구인 이△△, 서◆◆의 이적단체가입조항에 대한 심판청구 및 청구인 김▼▼ 외 4인의 반국가단체조항에 대한 심판청구는 모두 부적법하다.

2. 재판관 이은애, 이종석, 이영진, 김형두의 이적행위조항 및 이적표현물조항에 대한 합헌의견

(1) 헌법재판소의 선례

헌법재판소는 2015. 4. 30. 2012헌바95등 결정에서 이적행위조항은 죄형법정주의의 명확성원칙에 위배되지 않고, 과잉금지원칙에 위배되어 표현의 자유를 침해하지 아니하며, 이적표현물조항은 죄형법정주의의 명확성원칙에 위배되지 않고, 과잉금지원칙에 위배되어 표현의 자유 및 양심의 자유를 침해하지 아니하며, 책임과 형벌의 비례원칙에도 위배되지 아니하여, 모두 헌법에 위반되지 않는다고 판단한 바 있다.

(2) 선례 변경의 필요성

(가) 한반도를 둘러싼 국제정세 및 북한과의 관계

북한의 국가성을 부인하고 이를 반국가단체로 보는 것은 헌법 제3조의 영토조항에서 비롯된 것으로, 대한민국과 북한이 이념적으로 대립해 온 역사적 상황에 대응하고자 한 대한민국 정부의 전략적인 고려의 결과이다. 따라서 북한이 반국가단체임을 전제로 하는 국가보안법 조항들이 헌법에 위반되지 아니한다고 본 선례를 변경할 필요성이 있는지를 판단하기 위해서는 먼저 한반도의 지정학적 특성, 남·북한 관계 등이 선례 결정 당시와 달라졌는지를 살펴보아야 한다. 그런데 한반도를 둘러싼 지정학적 갈등은 여전히 계속되고 있고, 북한으로 인한 대한민국의 체제 존립의 위협 역시 지속되고 있는바, 북한을 반국가단체로 보아 온 국가보안법의 전통적 입장을 변경하여야 할 만큼 국제정세나 북한과의 관계가 본질적으로 변화하였다고 볼 수 없다.

(나) 죄형법정주의의 명확성원칙 위배 여부에 대한 판단

선례는 국가보안법의 개정연혁과 입법취지를 고려할 때, 수범자가 이적행위조항의 "국가의 존립·안전이나 자유민주적 기본질서를 위태롭게 한다는 정"이라는 것이 '국가의 존립·안전이나 자유민주적 기본질서에 실질적 해악을 미칠 명백한 위험성'을 의미하며, 이러한 해석을 전제로 할 때 이적표현물조항의 '문서·도화 기타의 표현물'이 국가의 존립과 안전을 위태롭게 할 수 있는 내용을 담고 있는 것에 한정된다는 점을 충분히 알 수 있고, 또한 그 문언에 근거하여 이적행위조항 및 이적표현물조항의 구성요건적 행위인 '찬양', '고무', '선전', '동조'가 의미하는 바를 합리적으로 파악할 수 있다고 판단하였으며, 수범자는 '제작', '운반', '반포', '취득', '소지'의 의미 역시 충분히 알 수 있다. 또한 이러한 선례 결정 이후, 법원 판례의 축적 등을 통해 위와 같은 해석에 따른 규범적 질서는 더욱 확고하게 형성되었으므로, 이적행위조항 및 이적표현물조항이 죄형법정주의의 명확성원칙에 위배되지 아니한다는 선례의 입장은 여전히 타당하다.

(다) 과잉금지원칙 위배 여부에 대한 판단

　　1) 국가보안법의 제한적 해석원리를 밝힌 제1조 제2항을 신설하고 이적행위조항에 주관적 구성요건을 추가한 국가보안법의 개정취지, '국가의 존립·안전이나 자유민주적 기본질서에 실질적 해악을 미칠 위험성이 명백한 경우'에 한해 국가보안법이 적용된다는 점을 확인해 온 헌법재판소 결정 및 대법원의 판결 등을 통해 이적행위조항 및 이적표현물조항의 적용 범위는 이미 최소한으로 축소되었다.

　　2) 실질적 해악을 미칠 위험성이 구체화되고 실제로 임박하여 현존하는 단계에서만 국가의 개입이 정당화된다는 반론이 있을 수도 있으나, '실질적 해악을 미칠 명백한 위험성'과 '임박하여 현존하는 위험'의 경계를 명확하게 설정하는 것은 현실적으로 쉽지 않고, 구체적 위험이 임박한 단계에서는 이러한 위험이 언제든지 현실화되어 국가의 존립·안전이나 자유민주적 기본질서를 위태롭게 하는 실질적 결과 발생으로 이어질 수 있다. 따라서 위험성이 구체화되고 실제로 임박하여 현존하는 단계에서야 비로소 이루어지는 공권력 개입을 통해서는 국가의 안전과 존립이라는 중대한 법익을 지키기 어렵다.

　　3) 청구인들은 '동조' 행위를 처벌하는 것이 과도하다고도 주장하나, 이적행위조항에 의해 처벌되는 동조행위는 '반국가단체 등의 활동을 찬양·고무·선전'하는 것과 같이 평가될 정도로 적극적인 의사를 외부에 표시하는 정도에 이른 행위에 국한되므로, 그 위험성이 찬양·고무·선전 행위에 비해 작지 않다.

　　4) 이적표현물조항은 국가의 존립·안전이나 자유민주적 기본질서에 실질적 해악을 미칠 명백한 위험성이 있는 경우에 한하여 적용되며, 행위자가 이적물의 이적성을 인식하는 것에서 더 나아가 이적행위를 할 목적이 있었음이 인정되어야만 처벌대상이 된다. 따라서 이적표현물조항 중 '소지·취득'에 관한 부분이 더 이상 이념적 성향에 대한 처벌수단이나 소수자를 탄압하는 도구로 악용될 가능성은 거의 없다. 더욱이 최근 증가하고 있는 전자매체 형태의 이적표현물의 경우에는, 소지·취득과 전파 사이에 시간적 간격이 거의 없고, 전파 범위나 대상이 어디까지 이를지도 예측할 수 없을 뿐만 아니라 일단 전파된 이후에는 이를 완전히 회수하는 것도 거의 불가능하므로, 이적표현물을 소지·취득하는 행위를 금지할 필요성은 종전보다 더욱 커졌다고도 볼 수 있다.

　　5) 외국의 입법례를 살펴보아도, 독일은 위헌조직 선전물의 '보관' 행위를 처벌하고, 영국은 테러출판물을 '소지'하는 행위를 처벌하며, 프랑스 역시 테러행위를 선동하거나 옹호하는 내용의 문서를 '소지'하는 행위를 처벌하는 등, 국가의 안보와 관련된 표현물의 소지행위를 형사처벌의 대상으로 삼고 있는 입법례가 특별히 예외적인 것도 아니다.

　　6) 형법상의 '내란의 죄'나 '외환의 죄'만으로 이적행위나 이적행위를 할 목적의 이적표현물 제작·소지·운반·반포·취득행위를 모두 처벌할 수 있는지가 불확실한 상황에서 국가보안법을 폐지할 경우, 용인하기 어려운 처벌의 공백이 발생할 우려가 있다.

　　7) 이러한 내용을 종합적으로 살펴보면, 이적행위조항 및 이적표현물조항이 과잉금지원칙에 위배되지 아니한다고 판단한 선례를 변경할 만한 규범이나 사실상태의 변경이 있다고 볼 수 없다.

(라) 책임과 형벌의 비례원칙 위배 여부에 대한 판단

선례에서 헌법재판소는 이적표현물조항 중 '소지·취득'에 관한 부분이 책임과 형벌의 비례원칙에 위배되지 아니한다고 판단하였다. 그리고 한반도의 이념적 대립상황 등에 비추어 볼 때 이적행위조항 및 이적표현물조항이 법정형으로 징역형만을 규정한 것이나, 이적행위조항이 '동조' 행위를 '찬양·고무·선전' 행위와 동일한 법정형으로 처벌하도록 정하고 있는 것이 형벌 체계상 균형을 잃었다고 할 정도로 과중하다고 볼 수도 없다.

그러므로 이적행위조항 및 이적표현물조항은 책임과 형벌 사이의 비례원칙에도 위배되지 아니한다.

(마) 소결

이상에서 살펴본 내용을 종합하면, 종전 선례 결정을 변경할만한 규범 또는 사실상태의 변화가 있다고 볼 수 없으므로, 이적행위조항 및 이적표현물조항이 헌법에 위반되지 아니한다고 판단한 선례의 입장은 지금도 타당하다.

3. 재판관 유남석, 정정미의 이적행위조항 및 이적표현물조항 중 '제작 · 운반 · 반포한 자'에 관한 부분에 대한 합헌의견 및 이적표현물조항 중 '소지 · 취득한 자'에 관한 부분에 대한 위헌의견

(1) 이적행위조항 및 이적표현물조항 중 '제작 · 운반 · 반포한 자'에 관한 부분

이적행위조항 및 이적표현물조항 중 '제작 · 운반 · 반포한 자'에 관한 부분은 재판관 이은애, 이종석, 이영진, 김형두의 합헌의견에서 인용한 헌법재판소 2015. 4. 30. 2012헌바95등 결정에서 판시한 바와 같은 이유로 헌법에 위반되지 아니한다.

(2) 이적표현물조항 중 '소지 · 취득한 자'에 관한 부분(이하 '이적표현물 소지 · 취득조항'이라 한다)

(가) 목적의 정당성 및 수단의 적합성

이적표현물 소지 · 취득조항은 이적표현물의 유통 및 전파를 차단함으로써 이적행위를 사전에 예방하고 국가의 안전과 국민의 생존 및 자유를 확보하기 위한 것으로, 입법목적의 정당성 및 수단의 적합성이 인정된다.

(나) 침해의 최소성

1) 이적표현물의 소지 · 취득행위는 내심의 영역에서 양심을 형성하고 양심상의 결정을 내리는 과정에서 지식정보를 습득하거나 보관하는 행위로, 양심형성의 자유의 보호영역에 속한다. 이러한 양심형성의 자유는 외부의 간섭과 강제로부터 절대적으로 보호되는 기본권이므로, 이적표현물의 소지 · 취득행위를 통해 형성된 양심적 결정이 외부로 표현되고 실현되지 아니한 단계에서 이를 처벌하는 것은 허용되지 아니한다.

2) 국가의 안전과 국민의 생존 및 자유의 확보라는 입법목적은 이적표현물의 유포 · 전파를 금지하고 처벌함으로써 충분히 달성할 수 있으므로, 이적표현물을 소지 · 취득한 자가 이를 대중에게 유포 · 전파하는 행위를 할 수도 있다는 막연한 가능성만을 근거로 이적표현물의 소지 · 취득행위를 처벌하는 것은 과도한 규제이다. 최근 전자매체의 형식을 가진 이적표현물이 증가하여 그 전파 및 유통이 광범위하게 이루어질 가능성이 높아진 것은 사실이나, 이러한 이유만으로 위와 같은 규제가 허용되는 것도 아니다.

3) 이적표현물조항의 주관적 구성요건인 '이적행위의 목적'의 인정기준은 매우 추상적이고 주관적이며 불확실하여, 행위자의 과거의 전력이나 평소의 행적을 통하여 추단되는 이념적 성향을 근거로 이적행위의 목적을 인정하게 될 가능성이 있다. 이는 행위자의 내심의 사상을 문제 삼아 처벌하는 것으로 양심의 자유 내지 사상의 자유를 중대하게 침해한다. 더욱이 이적표현물의 소지행위는 계속범에 해당하여 사실상 공소시효가 의미가 없고, 행위자는 자신이 그러한 표현물을 소지하고 있었는지조차 인식하지 못한 상태에서 처벌되는 경우도 있는 등, 형벌권이 남용될 가능성도 배제할 수 없다.

4) 일본이나 미국의 경우 일정한 내용의 표현물의 반포나 게시 등을 처벌하면서도 단순히 이를 소지나 취득하는 경우를 처벌대상에서 제외하고 있으며, '보관' 행위를 처벌하는 독일의 경우에도 '반포할 목적'을 요구함으로써 반포 가능성을 전제로 한 행위만을 처벌하도록 정하고 있는 등 외국의 입법례를 살펴보더라도, 이적표현물을 단순히 소지 또는 취득했다는 이유만으로 형사처벌의 대상으로 삼는 경우를 발견하기 어렵다.

5) 이러한 점들에 비추어 보면, 이적표현물 소지 · 취득조항은 침해의 최소성을 갖추지 못하였다.

(다) 법익의 균형성

이적표현물 소지 · 취득행위를 처벌함으로써 일정한 관점의 표현물에 대한 접근 자체를 차단하는 것은 사상의 자유 내지 양심의 자유에 대한 중대한 규제로 그 자체로 헌법상 용인되기 어렵고, 이로 인한 불이익이 달성하고자 하는 공익에 비해 결코 더 작다고 할 수도 없으므로, 이적표현물 소지 · 취득조항은 법익의 균형성도 충족하지 아니한다.

(라) 결론

그렇다면 이적표현물 소지 · 취득조항은 과잉금지원칙에 위반하여 양심의 자유 내지는 사상의 자유를 침해하는 것으로 헌법에 위반된다.

4. 재판관 김기영, 문형배, 이미선의 이적행위조항 및 이적표현물조항에 대한 위헌의견

(1) 이적행위조항

(가) 표현의 자유, 양심의 자유 내지는 사상의 자유의 의미

표현의 자유는 개인이 인간으로서의 존엄과 가치를 유지하고 행복을 추구하는데 필수불가결한 기본권으로, 개인의 인격을 보장하는 가장 존엄한 기본권 중 하나이고, 우리 헌법의 근본이념인 자유민주적 기본질서의 핵심적 구성요소이다. 따라서 표현의 자유가 억압당하는 경우 국민주권과 민주주의 정치원리는 공허한 메아리에 지나지 않게 된다.

한편, 양심 혹은 사상은 개인의 인격적 정체성을 구성하고 행동을 통제하는 근간으로서, 누구에 의해서도 그 무엇으로도 대체될 수 없기 때문에 양심의 자유 내지 사상의 자유는 우리 헌법의 핵심 가치인 인간의 존엄과 가치 보장에 필수적인 것이다.

(나) 입법목적의 정당성 및 수단의 적합성

이적행위조항은 이적행위를 처벌함으로써 국가의 안전과 국민의 생존 및 자유를 확보하기 위한 것으로, 입법목적의 정당성 및 수단의 적합성이 인정된다.

(다) 침해의 최소성

1991. 5. 31. 국가보안법이 개정되면서 이적행위조항에 '국가의 존립·안전이나 자유민주적 기본질서를 위태롭게 한다는 정을 알면서'라는 주관적 구성요건이 추가되었으나, 위험이 추상적인 수준에 머물고 있을 뿐 아직 구체적인 위험이 임박하였다고 볼 수 없는 경우에도 이 조항에 의하여 행위자가 처벌될 가능성은 여전히 있다. 따라서 이는 표현의 자유 및 양심의 자유 내지 사상의 자유에 대한 과도한 제한이다.

국가의 존립과 안전을 보장하기 위해서는 위험이 구체화되기 이전에 공권력의 예방적 개입이 필요하다는 의견이 있을 수 있으나, 위험이 구체화되고 임박하였다는 것이 위험이 현실화되어 국가가 이를 통제하는 것이 완전히 불가능한 상태를 의미하는 것은 아니다.

나아가 현재 우리 사회는 상당히 성숙되어 있고, '찬양', '고무', '선전, '동조' 행위는 어떠한 대상에 대한 적극적 혹은 소극적인 지지의 태도를 나타내는 행위일 뿐 국가의 존립·안전이나 자유민주적 기본질서의 전복이나 폐지를 도모하거나 결의하는 행위가 아니어서, 이적행위만으로 구체적이고 임박한 위험이 즉각적으로 현실화될 가능성도 높지 않다.

더욱이 현재의 정보통신망은 양방향 소통을 전제로 하고 있어, 전자매체 형식으로 유통되는 이적표현물의 경우 오히려 사상의 자유경쟁시장에서 신속하게 검증되고 배제될 수 있는바, 정보통신망의 발달이 반드시 위와 같은 행위로 인한 위험이 구체화·현실화될 가능성을 높인다고 보기도 어렵다.

또한 이적행위로 인해 구체적 위험이 임박한 경우에는 형법상의 내란죄 혹은 그 미수죄, 내란의 예비·음모·선동·선전죄 등을 통해 이를 처벌할 수 있어, 이적행위조항을 통한 별도의 처벌 필요성도 크지 않다.

안보입법을 마련하고 있는 다른 나라의 입법례를 살펴보아도, 목적이나 행위 태양을 제한하고 있는 등 처벌 요건을 매우 제한적으로 규정하고 있다.

이러한 점들에 비추어 보면, 이적행위조항은 침해의 최소성을 갖추지 못하였다.

(라) 법익의 균형성

이적행위조항은 국가의 존립·안전이나 자유민주적 기본질서에 실질적 해악을 끼칠 구체적인 위험이 발생하지 아니한 경우에도 이를 처벌대상에 포함시킴으로써, 대다수 시민의 정당한 의사표현 내지 그 전제가 되는 양심과 사상의 형성을 위축시키고 제한하고 있다. 이는 우리 헌법의 근본이념인 자유민주적 기본질서에 부합한다고 보기 어렵고, 오히려 민주주의에 대한 심대한 위협이 될 수 있으므로, 이적행위조항은 법익의 균형성도 갖추지 못한 것이다.

(마) 결론

따라서 이적행위조항은 과잉금지원칙에 반하여 표현의 자유 및 양심의 자유 내지 사상의 자유를 침해하는 것으로 헌법에 위반된다.

(2) 이적표현물조항

이적행위조항이 헌법에 위배되는 이상, '이적행위조항의 행위를 할 목적'을 주관적 구성요건으로 정하고 있는 이적표현물조항 역시 더 나아가 살펴볼 필요 없이 표현의 자유 및 양심의 자유 내지는 사상의 자유를 침해하는 것으로 헌법에 위반된다.

결정의 의의

헌법재판소가 몇 차례 국가보안법상 이적행위조항 및 이적표현물조항에 대해 합헌결정을 선고하였음에도 불구하고, 그 동안 위 조항들이 표현의 자유 내지는 양심의 자유를 침해하는 것으로 헌법에 위반된다는 목소리가 지속적으로 존재하였다.

이 결정은 국가보안법의 적용 범위가 법률의 개정, 헌법재판소 결정 및 법원의 판결 등을 통해 계속적으로 제한되어 왔기 때문에 더 이상 이적행위조항이나 이적표현물조항이 오·남용될 가능성이 크지 아니하고, 북한으로 인한 위험이 존재하는 상황에서 국가보안법이 현시점에도 존재의의가 있음을 인정하고, 그 동안 이적행위조항 및 이적표현물조항에 대하여 합헌결정을 선고하였던 종전의 헌법재판소 선례들이 여전히 타당하며 이를 변경할 필요성이 없음을 선언하였다는 점에서 의미가 있다.

조항		결론	비고
반국가단체조항(2조 1항)		9:0 각하	-
이적단체가입조항(7조 3항)		9:0 각하	-
이적행위조항(7조 1항)		6:3 합헌	6(이은애, 이종석, 이영진, 김형두, 유남석, 정정미) :3(김기영, 문형배, 이미선)
이적표현물조항(7조 5항)	제작운반 반포 부분	6:3 합헌	6(이은애, 이종석, 이영진, 김형두, 유남석, 정정미) :3(김기영, 문형배, 이미선)
	소지 취득 부분	4:5 합헌	4(이은애, 이종석, 이영진, 김형두) :5(유남석, 정정미, 김기영, 문형배, 이미선)

---

1. 사건의 개요

1. 2017헌가16 및 2020헌가3(헌가 사건)

   ○○○, □□□는 군인에 대하여 추행하였다는 공소사실로 기소되어 제1심 재판 계속 중이다. 제1심 법원은 군형법 제92조의6 중 '그 밖의 추행' 부분에 대하여 직권으로 위헌법률심판을 제청하였다.

2. 2017헌바357,414,501(헌바 사건)

   청구인 △△△, ◆◆◆, ▲▲▲, ★★★은 군인에 대하여 구강성교 내지 항문성교의 방법으로 추행하였다는 공소사실로 기소되어 그 형사재판 계속 중 군형법 제92조의6에 대하여 위헌법률심판제청을 신청하였으나 기각되자, 이 사건 헌법소원심판을 청구하였다. 다만, 이후 위 청구인들에 대해서는 무죄판결이 확정되었다.

2. 심판의 대상

군형법(2013. 4. 5. 법률 제11734호로 개정된 것)
제92조의6(추행) 제1조 제1항부터 제3항까지에 규정된 사람에 대하여 항문성교나 그 밖의 추행을 한 사람은 2년 이하의 징역에 처한다.

3. 주 문

1. 군형법(2013. 4. 5. 법률 제11734호로 개정된 것) 제92조의6 중 '그 밖의 추행'에 관한 부분은 헌법에 위반되지 아니한다.
2. 청구인들의 심판청구를 모두 각하한다.

Ⅰ. 판시사항

1. 청구인들에 대한 형사재판에서 무죄판결이 확정된 경우, 군형법 제92조의6의 위헌 여부에 따라 다른 내용의 재판을 받게 되는 경우에 해당한다고 볼 수 없어 재판의 전제성 요건이 인정되지 아니한 사례
2. 군형법 제92조의6 중 '그 밖의 추행'에 관한 부분(이하 '이 사건 조항'이라 한다)이 죄형법정주의의 명확성원칙에 위배되는지 여부(소극)
3. 이 사건 조항이 과잉금지원칙에 위배되어 군인의 성적 자기결정권 또는 사생활의 비밀과 자유를 침해하는지 여부(소극)
4. 이 사건 조항이 평등원칙에 위배되는지 여부(소극)

Ⅱ. 헌바 사건 – 각하 이유의 요지

청구인들에 대하여는 대법원에서 파기 환송된 이후 항소심에서 무죄판결이 선고되었고, 그 판결이 그대로 확정되었다. 따라서 청구인들은 이미 무죄판결이 확정되었으므로 군형법 제92조의6의 위헌 여부에 따라 다른 내용의 재판을 받게 되는 경우에 해당한다고 할 수 없다. 그러므로 청구인들의 이 사건 심판청구는 재판의 전제성이 인정되지 아니하여 모두 부적법하다.

Ⅲ. 재판관 유남석, 이은애, 이종석, 이영진, 김형두의 합헌의견

1. 죄형법정주의의 명확성원칙 위배 여부

군형법 제92조의6의 제정취지, 개정연혁 등을 살펴보면, 군형법 제92조의6 중 '그 밖의 추행'에 관한 부분(이하 '이 사건 조항'이라 한다)은 동성 간의 성적 행위에만 적용된다고 할 것이고, 추행죄의 객체 또한 군형법의 피적용자인 군인·군무원 등으로 명시하고 있으므로 행위 주체와 행위 객체에 관한 불명확성이 있다고 볼 수 없다. 나아가 동성 군인 간 합의에 의한 추행이 포함되는지 여부에 관하여 대법원은 동성인 군인 사이의 항문성교나 그 밖에 이와 유사한 행위가 사적 공간에서 자발적 의사 합치에 따라 이루어지는 등 군이라는 공동사회의 건전한 생활과 군기를 직접적·구체적으로 침해한 것으로 보기 어려운 경우에는 적용되지 않는다고 판시(대법원 2022. 4. 21. 선고 2019도3047 판결)하여 군형법 제92조의6의 적용범위를 제한적으로 해석하고 있다. 위와 같은 점들에 비추어보면, 건전한 상식과 통상적인 법 감정을 가진 군인, 군무원 등 군형법 피적용자는 어떠한 행위가 이 사건 조항의 구성요건에 해당되는지 여부를 충분히 파악할 수 있다고 판단되므로, 이 사건 조항은 죄형법정주의의 명확성원칙에 위배되지 아니한다.

2. 과잉금지원칙 위배 여부

군대는 상명하복의 수직적 위계질서체계 하에 있으므로 상급자로서의 우월적 지위나 권력 등을 이용하여 상대방의 의사에 반하는 성적 행위가 이루어지기 쉽고, 이는 결국 군이라는 공동사회의 건전한 생활과 군기를 직접적·구체적으로 침해하는 결과를 야기할 수 있다. 따라서 직접적인 폭행·협박이 없더라도 위력에 의한 경우 또는 자발적 의사합치가 없는 동성 군인 사이의 추행에 대해서는 처벌의 필요성이 인정된다. 뿐만 아니라, 동성 군인 사이의 합의에 의한 성적 행위라 하더라도 그러한 행위가 근무장소나 임무수행 중에 이루어진다면, 이는 국가의 안전보장 및 국토방위의 신성한 의무를 지는 국군의 전투력 보존에 심각한 위해를 초래할 위험성이 있으므로, 이를 처벌한다고 하여도 과도한 제한이라고 할 수 없다. 군인에 대한 행정제재만으로 군 기강 확립에 있어서 형사처벌과 동등하거나 유사한 효과가 있다고 보기 어렵다. 이 사건 조항의 최대형량이 징역 2년으로서 그 상한이 비교적 높지 않으며 그 형의 하한에는 제한을 두지 아니하고 있어 행위 태양이나 불법의 정도, 행위자의 죄질 등에 비추어 행위자의 책임에 상응하는 형벌이 선고될 수 있다. 이러한 점들을 종합하여 살펴보면, 이 사건 조항은 과잉금지원칙에 위배하여 군인의 성적 자기결정권 또는 사생활의 비밀과 자유를 침해한다고 볼 수 없다.

3. 평등원칙 위배 여부

절대 다수의 군 병력은 여전히 남성으로 이루어져 있고, 이러한 젊은 남성 의무복무자들은 생활관이나 샤워실 등 생활공간까지 모두 공유하면서 장기간의 폐쇄적인 단체생활을 해야 하므로, 일반 사회와 비교하여 동성 군인 사이에 성적 행위가 발생할 가능성이 높다. 만약 이와 같은 동성 군인 간의 성적 교섭행위를 방지할 경우, 군대의 엄격한 명령체계나 위계질서는 위태로워지고 구성원 간의 반목과 분열을 초래하여 궁극적으로 군의 전투력 보존에 직접적인 위해가 발생할 우려가 크다. 이와 같은 점들에 비추어보면, 이 사건 조항이 이성 군인과 달리 동성 군인 간 합의에 의한 성적 행위를 처벌하는 것에는 합리적인 이유가 있다고 볼 수 있으므로, 이 사건 조항은 평등원칙에 위반되지 아니한다.

Ⅳ. 재판관 김기영, 문형배, 이미선, 정정미의 위헌의견

1. 죄형법정주의의 명확성원칙 위배 여부

이 사건 조항은, 군형법 제92조의6의 적용범위를 제한적으로 해석한 대법원의 2019도3047 전원합의체 판결에도 불구하고 죄형법정주의의 명확성원칙을 충족시키지 못하여 헌법에 위반된다. 먼저 행위 주체 및 객체의 명확성 측면을 살펴보면, 이 사건 조항은 처벌의 대상이 되는 행위 객체를 군인 등으로 제한하면서도 그 성별에는 아무런 제한을 두지 아니하였다. 따라서 이 사건 조항이 동성 간의 추행행위만을 대상으로 하는지 아니면 이성 간의 추행행위도 그 대상으로 포함되는지가 불명확하다. 또한 2013. 4. 5. 법률 제11734호로 개정된 위 군형법 조항에서 '항문성교나 그 밖의 추행'이라는 표현을 사용하고 있는데, '항문성교'는 이성 간에도 가능한 성관계의 한 형태이고, 그 자체가 동성 간의 성행위를 의미하는 것은 아니라 할 것이므로, 입법자의 개정의도가 무엇이든 간에 법문 상으로는 더 이상 이 사건 조항이 동성 간의 성적 행위만을 규정한 것인지 여부가 명확하다고 볼 수 없다. 그렇다면 통상의 판단능력을 가진 군형법 피적용자로서는 이 사건 조항에 의해 남성 간의 추행만 처벌되는 것인지, 아니면 여성 간의 추행이나 이성에 대한 추행도 처벌되는 것인지 여부를 도저히 알기 어렵다. 다음으로 추행의 의미에 대하여 본다. 대법원은 위 전원합의체 판결을 통하여 군형법 제92조의6은 동성인 군인 사이의 항문성교나 그 밖에 이와 유사한 행위가 사적 공간에서 자발적 의사 합치에 따라 이루어지는 등 군이라 는 공동사회의 건전한 생활과 군기를 직접적, 구체적으로 침해한 것으로 보기 어려운 경우에는 적용되지 않는 다고 판시하여 그 적용범위에 관하여 제한적 해석을 하였다. 그러나 이러한 해석에도 불구하고 동성 군인 상호 간 성적 행위에 관한 의사합치는 있었으나 생활관 내에서 그 행위가 이루어지는 등 사적 공간이 아닌 곳에서의 행위가 이 사건 조항의 추행에 해당하여 처벌되는지 여부는 여전히 불분명하다. '추행'을 구성요건으로 규정하 고 있는 여타의 법률조항들을 살펴보면, '추행'이란 모름지기 피해자의 의사에 반하여 이루어지는 행위라는 것 을 전제하고 있는데, 이 사건 조항을 해석함에 있어서도 동성 군인 간 자발적 의사합치가 있었다면 비록 사적 공간이 아닌 곳에서 이루어진 성적 행위라 하더라도 이는 더 이상 '추행'에는 해당하지 않는다는 해석도 가능하 다. 법정의견과 같이 이 사건 조항의 '그 밖의 추행'을 해석하면서 '군이라는 공동사회의 건전한 생활과 군기를 침해하는 것'이라는 요건을 덧붙인다 하더라도 이러한 개념 자체가 포괄적이고 주관적이므로, 이 사건 조항의 불명확성이 해소되었다고 볼 수 있을지 의문이다. 결국 이 사건 조항은 범죄구성요건을 단순히 '그 밖의 추행' 이라는 추상적이고 모호하며 포괄적인 용어만을 사용함으로써, 어느 정도의 어떤 행위가, 누구와 누구의 행위 가, 그리고 언제, 어디에서의 행위가 이 사건 조항의 적용을 받는지 여부를 수범자가 예측할 수 없도록 할 뿐 아니라, 법 집행기관의 자의적 법해석 가능성을 초래하고 있다. 그러므로 이 사건 조항은 죄형법정주의의 내용 인 형벌법규의 명확성원칙에 위배되어 헌법에 위반된다.

2. 과잉금지원칙 및 평등원칙 위배 여부

(1) 과잉금지원칙 위배 여부

군인 간의 성적 행위가 군이라는 공동사회의 건전한 생활과 군기를 직접적·구체적으로 침해할 우려가 있어 이를 제재할 필요성이 있는 경우에도, 국가형벌권의 행사는 중대한 법익에 대한 위험이 명백한 경우에 한하여 최후의 수단으로 필요 최소한의 범위에 그쳐야 한다. 군인이 임무수행 중에 또는 유사시 임무수행을 위한 준비 를 갖추고 있어야 할 공적 장소에서 성적 행위를 하는 것은 군인사법상 징계사유에 해당할 수 있다. '군인 징계 령 시행규칙'에 따르면 성실의무위반이나 품위유지의무위반 시 장교, 준사관 및 부사관은 비행의 정도에 따라 파면까지 가능하고, 병(兵)은 강등까지 가능하다. 근무시간 중이나 공적 장소에서 이루어지는 군인 간의 합의에 의한 성적 행위로 인해 군기가 침해될 우려가 있는 경우, 위와 같은 징계절차에 따른 제재를 통하여 내밀한 사생활 영역에 대한 국가 형벌권의 개입을 최소화하면서 군의 건전한 생활과 군기 확립의 목적을 달성할 수 있다. 그럼에도 이 사건 조항이 개인의 법익을 전혀 침해하지 않는 합의에 의한 성적 행위에 대하여 가장 강력 한 국가권력이자 가혹한 강제력인 형벌로 규제하는 것은 형벌의 보충성 및 최후수단성에 반하여 침해의 최소성 요건을 갖추지 못한 것이다. 또한 군기라는 추상적인 공익을 추구한다는 명목으로 어떠한 강제력도 수반하지 않는 성적 행위를 형사처벌의 대상으로 삼는 것은 개인의 내밀한 성적 지향에 심대한 제약을 가하는 것으로서 법익의 균형성 요건도 충족하지 못한다. 따라서 이 사건 조항은 과잉금지원칙에 반하여 군인의 성적 자기결정 권 또는 사생활의 비밀과 자유를 침해한다.

(2) 평등원칙 위배 여부

이 사건 조항의 처벌대상을 남성 군인 간의 성적 행위로 한정하는 법정의견에 의하면, 이 사건 조항은 남성 군인 간의 합의에 의한 성적 행위와 여성 군인 간의 합의에 의한 성적 행위를 차별적으로 취급하고 있으므로, 이는 헌법상 차별을 금지한 '성'을 이유로 한 차별에 해당되어 비례성원칙에 따른 심사가 이루어져야 한다. 가사, 자의금지원칙에 의한 완화된 심사척도를 적용하더라도 아래와 같이 이 사건 조항이 동성 군인 간의 합의에 의한 성적 행위에 대해서만 가장 강력하고 가혹한 국가형벌권을 행사하는 것에는 합리적인 이유를 찾기 어렵다. 동성 간 합의에 의한 성적 행위는 특정한 성적 지향에 기초한 것으로서, 단순히 군 병력 대다수가 남성으로 구성되어 있다거나 장기간의 폐쇄적인 단체생활을 한다는 이유로 갑자기 발현될 수 있는 성질의 것이 아니다. 설령 군 병력 대다수가 남성으로 구성되어 있다는 이유 등으로 동성 군인 간 합의에 의한 성적 행위의 발생 빈도가 상대적으로 높다고 하더라도, 앞서 본 바와 같이 강제력을 수반하지 않는 성적 행위에 대해서는 징계를 통하여 군기 확립의 목적을 달성할 수도 있다. 동성 간의 성적 행위가 선량한 성적 도덕관념에 반하는 행위라는 종래의 평가를 이 시대 보편타당한 규범으로 받아들이기 어렵게 된 현 시점에서, 동성 군인 간의 합의에 의한 성적 행위와 이성 간의 합의에 의한 성적 행위를 규범적으로 달리 평가해야 할 이유가 없다. 따라서 이 사건 조항은 합리적인 이유 없이 합의에 의한 성적 행위를 한 동성 군인을 차별하고 있으므로 평등원칙에 위배된다.

결정의 의의

이 사건 조항은, 군형법상 추행죄의 객체를 보다 명확하게 한 법률의 개정, 그 적용범위를 제한적으로 해석하는 대법원의 판결(대판 2022.4.21. 2019도3047) 등에 비추어 죄형법정주의의 명확성원칙에 위배되지 아니하고, 상명하복체계로서 대부분 남성으로 구성된 군 조직의 특수성, 군기 확립 및 전투력 보호라는 공익 등을 종합하여 보면, 과잉금지원칙과 평등원칙에도 위배되지 아니하여, 헌법에 위반되지 않는다는 점을 선언하였다는 점에서 의미가 있다. 이에 대해서는 4인의 위헌의견이 있었다.

2023.9.26. 2020헌마1724 [남북관계 발전에 관한 법률 일부 개정법률 위헌확인] **[위헌]**

1. 사건의 개요

1. 청구인들은 북한 접경지역에서 대형풍선 등을 이용하여 북한 지역으로 북한의 통치체제를 비판하는 내용을 담은 전단을 살포하는 등의 활동을 해 온 자연인 또는 북한 인권 개선 등을 목적으로 조직된 법인ㆍ단체이다.

2. 국회는 2020. 12. 14. '전단등 살포', 즉 '선전, 증여 등을 목적으로 전단, 물품, 금전 또는 그 밖의 재산상 이익을 승인받지 아니하고 북한의 불특정 다수인에게 배부하거나 북한으로 이동시키는 행위'를 통하여 국민의 생명ㆍ신체에 위해를 끼치거나 심각한 위험을 발생시키는 것을 금지하고, 이를 위반한 경우 3년 이하의 징역 또는 3천만원 이하의 벌금에 처하며, 그 미수범도 처벌하는 등의 내용을 담은 '남북관계 발전에 관한 법률 개정법률안'을 의결하였고, 이는 2020. 12. 29. 공포되어, 2021. 3. 30.부터 시행되었다.

3. 청구인들은 위와 같은 내용으로 개정된 '남북관계 발전에 관한 법률' 제24조 제1항, 제25조 등이 청구인들의 표현의 자유 등 기본권을 침해한다고 주장하며 2020. 12. 29. 이 사건 헌법소원심판을 청구하였다.

위 개정된 '남북관계 발전에 관한 법률'은 2021. 3. 30.부터 시행되었다.

2. 심판의 대상

남북관계 발전에 관한 법률(2020. 12. 29. 법률 제17763호로 개정된 것)
제24조(남북합의서 위반행위의 금지) ① 누구든지 다음 각 호에 해당하는 행위를 하여 <u>국민의 생명ㆍ신체에 위해를 끼치거나 심각한 위험을 발생시켜서는 아니 된다.</u>
　　3. 전단등 살포
제25조(벌칙) ① 제24조 제1항을 위반한 자는 3년 이하의 징역 또는 3천만원 이하의 벌금에 처한다. 다만, 제23조 제2항 및 제3항에 따라 남북합의서(제24조 제1항 각 호의 금지행위가 규정된 것에 한정한다)의 효력이 정지된 때에는 그러하지 아니하다.
② 제1항의 미수범은 처벌한다.

3. 주 문

남북관계 발전에 관한 법률(2020. 12. 29. 법률 제17763호로 개정된 것) 제24조 제1항 제3호, 제25조 중 제24조 제1항 제3호에 관한 부분은 모두 헌법에 위반된다.

Ⅰ. 판시사항

남북합의서 위반행위로서 전단등 살포를 하여 국민의 생명ㆍ신체에 위해를 끼치거나 심각한 위험을 발생시키는 것을 금지하는 남북관계 발전에 관한 법률 제24조 제1항 제3호 및 이에 위반한 경우 처벌하는 같은 법 제25조 중 제24조 제1항 제3호에 관한 부분(이하 이들 조항을 합하여 '심판대상조항'이라 한다)이 청구인들의 표현의 자유를 침해하는지 여부(적극)

Ⅱ. 판단

1. 제한되는 기본권과 쟁점

(1) 표현의 자유의 침해 여부

(가) 이 사건 금지조항은 정부와 북한 당국간에 문서의 형식으로 체결된 모든 합의, 즉 '남북합의서' 위반행위로

서 전단등을 살포하여 국민의 생명·신체에 위해를 끼치거나 심각한 위험을 발생시키는 것을 금지하고, 이 사건 처벌조항은 이를 위반한 경우 그 미수범까지 처벌하고 있다. '전단등'은 '전단, 물품(광고선전물·인쇄물·보조기억장치 등을 포함한다), 금전 또는 그 밖의 재산상 이익'을 말하며, '살포'는 "선전, 증여 등을 목적으로 전단등을 '남북교류협력에 관한 법률'(이하 '남북교류협력법'이라 한다) 제13조 또는 제20조에 따른 승인을 받지 아니하고 북한의 불특정 다수인에게 배부하거나 북한으로 이동(단순히 제3국을 거치는 전단등의 이동을 포함한다)시키는 행위"를 의미한다(남북관계발전법 제4조 제3호, 제5호, 제6호).

청구인들이 전단등을 살포하는 목적은 북한 주민에게 전단, 물품, 금전 등을 전달하는 그 자체에 있다기보다는 북한 주민을 상대로 하여 대한민국의 체제나 북한 정권에 관한 자신의 의견을 표명하려는 데 있다. 그렇다면 청구인들이 전단등 살포를 통하여 북한 주민들을 상대로 자신의 의견을 표명하는 것을 금지·처벌하는 심판대상조항은 청구인들의 표현의 자유를 제한하는 것이므로, 심판대상조항이 과잉금지원칙을 위반하여 청구인들의 표현의 자유를 침해하는지 여부를 살펴본다. 또한 심판대상조항은 '전단등 살포를 통하여 국민의 생명·신체에 위해를 끼치거나 심각한 위험을 발생시켜서는 안 된다'고 하는바, 위와 같은 위해나 심각한 위험은 북한에 의하여 발생, 초래되는 것이므로 심판대상조항이 책임주의원칙을 위반하여 청구인들의 표현의 자유를 침해하는지 여부도 살펴본다.

(나) 한편 청구인들은 심판대상조항이 사전검열에 해당하여 정치적 표현의 자유의 본질적 내용을 침해한다고 주장한다. 그런데 헌법 제21조 제2항에서 금지하는 검열은 행정권이 주체가 되어 사상이나 의견 등이 발표되기 이전에 예방적으로 그 내용을 심사·선별하여 발표를 사전에 억제하는 제도로서, 일반적으로 허가를 받기 위한 표현물의 제출의무, 행정권이 주체가 된 사전심사절차, 허가받지 않은 의사 표현의 금지 및 심사절차를 관철할 수 있는 강제수단 등의 요건을 갖춘 경우를 말한다(헌재 1996.10.4. 93헌가13등 참조).

남북관계발전법상 '살포'는 남북교류협력법 제13조 또는 제20조에 따른 '승인'을 받지 않고 한 행위로 규정되어 있으나(제4조 제6호), 이는 심판대상조항과의 관계에서 통일부장관의 승인을 받은 행위라면 금지·처벌의 대상이 아니라는 점을 명확히 하는 역할을 할 뿐, 표현물의 제출의무나 행정권의 사전심사절차 등을 일반적으로 예정·도입하는 것이 아니므로, 심판대상조항에 따른 규율이 헌법 제21조 제2항이 금지하고 있는 '검열'에 해당한다고 보기는 어렵다. 따라서 심판대상조항이 헌법 제21조 제2항에 위반되는지 여부는 나아가 살펴보지 않는다.

(2) 그 밖의 주장

(가) 청구인들이 단순히 식료품이나 의약품, 구호물자 등을 북한의 불특정 다수에게 배부하거나 북한으로 이동시키는 경우에도, 이는 북한 주민들을 상대로 자신의 의견을 표명하는 데 궁극적 목적이 있으므로 표현의 자유가 침해되는지 여부를 살펴보는 이상, 일반적 행동의 자유, 행복추구권 침해 여부에 대해서는 살펴보지 않는다. 또한 청구인들은 심판대상조항이 북한 주민들의 알 권리를 침해한다고 주장하고 있으나, 알 권리는 한반도 군사분계선 이남 지역에 거주하고 있는 청구인들과는 직접적인 관련이 없으므로 살펴보지 않는다.

(나) 청구인들은 심판대상조항의 개정 당시 본회의 의결 전에 국회법 제57조의2에 따른 안건조정위원회 의결을 거치지 않은 절차적 하자로 인한 기본권 침해가 있다고 주장하고 있다. 그러나 이 사안과 같이 안건조정위원회가 구성되지 않은 경우에 대하여 국회법은 정하고 있지 아니한바, 안건조정위원회가 구성됨을 전제로 한 위와 같은 주장에 대해서는 따로 살펴보지 않는다.

(다) 청구인들은 이 사건 금지조항 중 '국민의 생명·신체에 위해를 끼치거나 심각한 위험을 발생'시키는 행위의 의미가 불명확하고 추상적이어서 어떠한 경우가 이에 해당하는지 객관적으로 확정할 수 없다고 주장하나, 이는 결국 심판대상조항의 금지대상이 지나치게 넓어 청구인들의 기본권이 침해된다고 지적하는 것과 다름없으므로, 과잉금지원칙에 위반되는지 여부를 판단하는 이상 더 나아가 살펴보지 않는다.

(라) 청구인들은 심판대상조항이 포괄위임금지원칙에 위배된다고 주장하나, 하위 법령에 어떠한 위임도 하고 있지 않은 심판대상조항에 관하여 포괄위임금지원칙이 적용될 여지는 없으므로(헌재 2000.7.20. 98헌바63 참조), 이에 대해서는 살펴보지 않는다.

(마) 청구인들은 심판대상조항이 국민주권주의, 민주주의원칙, 자유민주적 기본질서에 입각한 통일원칙에도 위배된다고 주장하나, 헌법의 기본원리 혹은 헌법상 보장된 제도에 위반된다는 점만으로 곧바로 국민의 기본권이 직접 현실적으로 침해된 것이라고 할 수 없으므로(헌재 2016.3.31. 2014헌마581등 참조), 이에 대하여 별도로 판단하지 아니한다.

2. 재판관 이은애, 재판관 이종석, 재판관 이영진, 재판관 김형두의 위헌의견

(1) 심판대상조항이 과잉금지원칙에 위배되어 표현의 자유를 침해하는지 여부

(가) 심사기준

심판대상조항의 문언을 보면 전단등의 '내용'에 관한 명시적 제한을 두고 있지 않으므로, 일응 '전단등 살포'라는 행위 유형, 즉 표현의 '방법'을 규제하는 것으로 볼 여지도 있다. 그러나 청구인들은 자신들의 표현이 '북한주민'이라는 상대방에게 도달했을 때 비로소 의미를 가진다고 여기고 있으며, 제정 경위 등을 종합하면 심판대상조항의 의도는 당국의 승인을 받지 않은 '북한 주민에 대한' 의사표현을 제한하는 데 있으므로, 이 사건에서 표현의 자유 침해 여부를 살펴보는 데 있어서는 '표현의 상대방'이 가지는 특별한 의미를 간과하여서는 안 된다. 그런데 북한 주민의 인터넷 사용이나 외신 청취 등을 통한 정보 취득은 매우 제한적으로만 허용된다는 사실은 널리 알려진 바와 같고, 남북 간 유·무선 통신이나 대면 교류도 극도로 제한된 현실을 고려하면 표현의 상대방이 '북한 주민'인 이상, 그 표현의 방법 내지 수단은 전단등 살포 외의 것을 상정하기 어렵다.

한편, 일반적으로 '전단등'에는 남한 등 외부세계의 발전상을 담은 표현물, 북한 정권을 비판하거나 북한의 폐쇄성과 그로 인한 왜곡된 세계관, 북한의 열악한 의료·경제 상황과 인권실태를 고발하는 내용의 표현물, 식량이나 구호 물품, 현금 등이 포함되므로, 결국 심판대상조항의 궁극적인 의도는 북한 주민을 상대로 하여 북한 정권이 용인하지 않는 일정한 내용의 표현을 금지하는 데 있다. 따라서 심판대상조항은 표현의 내용을 제한하는 결과를 가져온다(대판 2023.4.27. 2023두30833 참조).

모든 국민은 자신의 정치적 의견과 정치사상을 외부에 표현할 정치적 표현의 자유를 가지며, 이는 자유민주적 헌법의 근본가치이자 민주정치의 필수불가결한 요소이다(헌재 2013.3.21. 2010헌바132등 참조). 따라서 정치적 표현의 자유, 그 중에서도 정치적 표현의 내용을 제한하는 것은 엄격한 요건 하에서만 허용된다. 그런데 심판대상조항은 표현의 내용 중에서도 북한 정권이 용인하지 않는 표현, 즉 북한에 비판적이거나 북한을 부정적으로 묘사하는 표현을 규제하는 것인바, 국가가 이러한 표현 내용을 규제하는 것은 원칙적으로 중대한 공익의 실현을 위하여 불가피한 경우에 한하여 허용된다(헌재 2002.12.18. 2000헌마764 참조). 특히 정치적 표현의 내용 중에서도 특정한 견해, 이념, 관점에 기초한 제한은 과잉금지원칙 준수 여부를 심사할 때 더 엄격한 기준이 적용되어야 한다(헌재 2020.12.23. 2017헌마416 참조).

(나) 입법목적의 정당성

북한 정권에 비판적 입장을 견지하는 민간단체가 북한 지역으로 전단등을 살포하는 데 대하여, 북한은 2014. 10. 10.경 전단을 실은 풍선을 향해 총격을 가하는 등 민감하게 반응하여 왔다. 2018. 4. 27. 남북 간에 합의된 '한반도의 평화와 번영, 통일을 위한 판문점 선언'(이하 '2018년 판문점 선언'이라 한다)에는 '전단살포를 비롯한 모든 적대행위들을 중지하고 그 수단을 철폐하며'라는 내용이 포함되었는데, 북한은 위와 같은 합의에도 불구하고 전단등 살포가 근절되지 않았다고 주장하면서 이를 빌미로 2020. 6. 16.에는 개성 남북공동연락사무소 건물을 폭파하는 등 적대적 조치를 이어왔다. 심판대상조항은 위와 같은 남북합의서 위반행위로서 전단등 살포를 억제하기 위하여 입법된 것이다.

전단등 살포에 대하여 북한이 강하게 반발하여 왔고 북한이 이를 빌미로 적대적 조치를 감행할 경우 접경지역 주민을 비롯한 국민의 생명과 신체의 안전이 위협받을 수 있는 것이 현실이다. 심판대상조항은 '전단등 살포'를 금지·처벌함으로써 남북합의서 위반행위를 억제하고 북한이 도발할 빌미를 차단하여 결과적으로 국민의 생명과 신체의 안전을 보장하기 위한 것이다. 또한 심판대상조항은 위와 같이 남북 간 긴장이 고조되는 원인 중 하나를 억제·차단함으로써 평화통일을 지향하여야 하는 국가의 책무를 달성하려는 목적도 가진다.

이와 같이 심판대상조항은 국민의 생명·신체의 안전을 보장하고 남북 간 긴장을 완화하며 평화통일을 지향하여야 하는 국가의 책무를 달성하기 위한 것인바, 이러한 입법목적은 정당하다.

(다) 수단의 적합성

북한이 적대적 조치를 감행하는 데 있어 전단등 살포가 유일한 원인은 아니지만, 이를 전면적으로 금지함으로써 적어도 전단등 살포를 빌미로 하는 북한의 적대적 조치는 억제될 여지가 있으며, 그로 인한 국민의 생명·신체에 대한 위해나 심각한 위험의 발생, 남북 간의 긴장 고조 등을 미연에 방지할 수 있다. 따라서 심판대상조항은 입법목적을 달성하기에 적합한 수단이다.

(라) 침해의 최소성

1) 심판대상조항은 '전단등 살포'를 금지·처벌함으로써 북한이 도발할 빌미를 차단하면 국민, 특히 접경지역 주민의 생명과 신체의 안전을 보장할 수 있다는 인식에 바탕을 둔 것이다.

'경찰관 직무집행법' 제5조 제1항은 '사람의 생명 또는 신체에 위해를 끼치거나 재산에 중대한 손해를 끼칠 우려가 있는 위험한 사태가 있을 때'에는 경찰관이 그 장소에 모인 사람 등에게 경고를 하거나(제1호), 매우 긴급한 경우 위해를 입을 우려가 있는 사람을 필요한 한도에서 억류·피난시키거나(제2호), 그 장소에 있는 사람 등에게 위해를 방지하기 위하여 필요하다고 인정되는 조치를 하게 하거나 직접 할 수 있도록(제3호) 규정하고 있다. 법원은 전단등 살포 현장에 출동한 경찰관이 위 법률조항 등을 근거로 전단등 살포를 제지할 수 있고, 그 제한이 과도하지 않은 이상 위법하지 않다고 판단한 바 있다(대판 2016.2.25. 2015다247394 심리불속행 기각판결 등 참조). 접경지역은 군과 경찰 등이 상시 정찰하고 있으므로 전단등 살포 징후가 포착되면 경찰공무원이 출동하여 현장 상황을 파악·통제할 수 있고, 현장의 경찰관이 전단등 살포 시간, 장소나 방법, 전단등의 수량, 살포 당시의 남북 간 긴장 정도, 살포 전 기자회견 등을 하는 경우 이를 통하여 표명된 전단 내용이나 물품 종류 등 개별·구체적 상황을 고려하여 국민의 생명이나 신체에 위해나 위험이 발생할 우려가 있는 경우에는 경고를 하고, 위해 방지를 위하여 필요한 경우에는 전단등 살포를 직접 제지하는 등 상황에 따라 유연한 조치를 할 수 있다. 이와 같은 '경찰관 직무집행법' 제5조 제1항 등에 기한 조치는 심판대상조항의 일률적인 금지 및 처벌과 비교하여 심판대상조항의 입법목적 달성에는 지장을 초래하지 않으면서 덜 침익적인 수단이 될 수 있다.

또한 심판대상조항과 같이 전단등 살포를 일률적으로 제한하지 않고 '집회 및 시위에 관한 법률'의 옥외집회 및 시위의 신고와 유사한 방식을 도입하여, 전단등을 살포하려는 사람은 관할 경찰서장 등에게 살포 시간, 장소나 방법, 전단등의 수량 등을 사전에 신고하도록 하고, 관할 경찰서장은 개별·구체적 상황을 고려하여 국민의 생명이나 신체에 위해나 위험이 발생할 가능성이 현저한 경우나 '공유수면 관리 및 매립에 관한 법률', 항공안전법 등 관련 법률에 저촉될 여지가 있는 경우 '살포 금지 통고'를 할 수 있도록 하며, 살포를 강행하는 경우에는 신고 장소에 출동하여 현장을 통제하는 경찰이 살포를 즉시 제지하고 해산을 명할 수 있도록 규정한다면(집회 및 시위에 관한 법률 제6조, 제8조, 제20조 참조), 이 또한 덜 침익적인 수단이 될 수 있다.

2) 국가형벌권의 행사는 중대한 법익에 대한 위험이 명백한 경우에 한하여 최후수단으로 선택되어 필요 최소한의 범위에 그쳐야 한다(헌재 2009.11.26. 2008헌바58등 참조). 심판대상조항은 전단등 살포를 금지하는 데서 더 나아가 이를 범죄로 규정하면서 징역형 등을 두고 있으며, 그 미수범도 처벌하도록 하고 있는바, 전단등 살포 그 자체는 타인의 생명이나 신체에 위해나 위험을 발생시킬 만한 직접적 위험성을 지닌 행위로 볼 수 없고, 이로 인하여 국민의 생명·신체에 위해나 심각한 위험이 발생하는지 여부는 전적으로 북한의 도발 여부에 달려 있는데도, 전단등 살포를 금지하는 것에서 더 나아가 그 위반행위에 대하여 국가의 형벌권을 동원하고, 미수범까지 처벌하여 실제 아무런 위해나 위험이 발생하지 않은 경우에도 국가의 형벌권이 미칠 수 있도록 하는 것은 과도하다고 하지 않을 수 없다.

3) 또한, 심판대상조항은 전단등 살포 행위로 '국민의 생명·신체에 대한 위해나 심각한 위험이 발생'한 경우에 한하여 처벌하는 것으로 규정하고 있는바, 일견 범죄성립 범위를 제한한 것으로 보인다. 그러나 위와 같은 위해나 위험은 북한의 적대적 조치에 의하여 초래되는 것인데, 북한은 내부 사정이나 한반도를 둘러싼 국제정세를 고려한 고도의 정치적 판단에 따라 대응 여부나 그 수위를 결정하여 왔는바, 전단등 살포 행위 시점에서

북한이 어떻게 대응할지 예측하는 것은 매우 어렵다. 그러므로 심판대상조항이 범죄성립에 있어 위와 같은 위해나 위험의 발생을 요구하는 것은 범죄성립 범위를 제한하는 기능을 수행하기보다는, 어떠한 경우에 기수범으로서 처벌될 것인지 예측하기 어렵게 하여 오히려 표현의 자유에 대한 위축효과를 심화시킨다.

4) 따라서 심판대상조항은 침해의 최소성을 충족하지 못한다.

(마) 법익의 균형성

1) 표현의 자유는 민주주의의 근간이 되는 중요한 헌법적 가치이므로 표현의 자유의 사전적 제한을 정당화하기 위해서는 그 제한으로 인하여 달성하려는 공익의 효과가 명백하여야 한다(헌재 2012.8.23. 2010헌마47등 참조). 심판대상조항으로 북한 정권이 상당한 거부감을 가지고 있는 전단등 살포를 억제할 수는 있을 것이다. 그러나 북한은 1953. 7. 27. 정전협정이 체결된 이후 지금까지 지속적으로 접경지역에서 도발을 감행하였는데, 전단등 살포와 직접적인 관련성을 찾기는 어렵다. 그렇다면 심판대상조항으로 전단등 살포가 금지·처벌된다고 하여 북한의 적대적 조치가 유의미하게 감소하고 이로써 접경지역 주민의 안전이 확보될 것인지, 나아가 남북 간 평화통일의 분위기가 조성되어 이를 지향하는 국가의 책무 달성에 도움이 될 것인지 단언하기 어렵다.

2) 반면 심판대상조항이 초래하는 표현의 자유의 제한은 매우 중대하다. 표현의 자유는 개인적인 차원에서는 자유로운 인격 발현의 수단임과 동시에 합리적이고 건설적인 의사 형성 및 진리발견의 수단이 되며, 국가와 사회적인 차원에서는 민주주의 국가와 사회의 존립과 발전에 필수불가결한 기본권이다(헌재 2012.8.23. 2010헌마47등 참조). 정권 유지를 위하여 외부로부터의 정보 유입과 내부의 정보 유통을 엄격히 통제하고 있는 북한 체제의 특성을 고려하면, 행위자들의 입장에서 북한 주민들에게 외부세계의 발전상을 알리고 북한 정권의 모순을 비판하는 의견을 표명하는 것은 매우 절실하고 인격실현에 직결된다고 할 수 있으며, 민주주의 국가인 우리나라에서는 반드시 허용되어야 한다. 심판대상조항으로 제한되는 표현은 북한 정권을 비판하거나 북한의 인권 현실을 지적하는 것에 그치지 않고, 외부세계의 발전상을 전달하는 내용이나 종교 표현물, 영화나 드라마와 같은 문화예술 작품까지도 망라되므로 매우 광범위하다. 한편, 2018년 판문점 선언에서 남북은 '확성기 방송과 전단살포를 비롯한 모든 적대행위들을 중지'한다고 합의하였는바, 이에 따르면 구체적 내용을 묻지 않고 전단살포가 곧 북한에 대한 적대행위로 간주되는 상황에서 현실적으로 남북교류협력법 제13조 또는 제20조에 따른 통일부장관의 승인을 얻기는 어려우며, 이를 통하여 표현의 자유에 대한 제한이 완화되기 어렵다.

3) 이상과 같은 사정을 종합하면, 심판대상조항이 달성하고자 하는 공익보다 이로 인하여 제한되는 사익이 더 크다고 할 수 있어, 법익의 균형성도 인정되지 않는다.

(바) 소결

심판대상조항은 과잉금지원칙에 위배되어 청구인들의 표현의 자유를 침해한다.

(2) 심판대상조항이 책임주의원칙에 위배되어 청구인들의 표현의 자유를 침해하는지 여부

(가) 형벌은 범죄에 대한 제재로서 그 본질은 법질서에 의하여 부정적으로 평가된 행위에 대한 비난이다. 일반적으로 범죄는 법질서에 의해 부정적으로 평가되는 행위, 즉 행위반가치와 그로 인한 부정적인 결과의 발생, 즉 결과반가치가 인정되는 경우에 성립하나, 여기서 범죄를 구성하는 핵심적 징표이자 형벌을 통해 비난의 대상으로 삼는 것은 '법질서가 부정적으로 평가한 행위에 나아간 것', 즉 행위반가치에 있다. 법질서가 부정적으로 평가한 결과가 발생하였다고 하더라도 그러한 결과의 발생에 대한 책임이 없는 자에게 형벌을 가할 수는 없다는 형벌에 관한 책임주의는 형사법의 기본원리로서, 헌법상 법치국가의 원리에 내재하는 원리인 동시에, 국민 누구나 인간으로서의 존엄과 가치를 가지고 자신의 책임에 따라 스스로 행동을 결정할 것을 보장하고 있는 헌법 제10조의 취지로부터 도출되는 원리이다(헌재 2009.7.30. 2008헌가10 참조).

(나) 심판대상조항에 따른 범죄가 성립하려면 전단등 살포로 인하여 국민의 생명·신체에 대한 위해나 심각한 위험이 발생하여야 하는데, 전단등을 단지 북한의 불특정 다수인에게 배부하거나 북한으로 이동시키는 행위는

그 자체로 위와 같은 위해나 위험을 초래하여 법적 비난의 대상이 되는 행위라 볼 수 없으며, 이러한 위해나 위험의 발생은 전적으로 북한의 적대적 조치, 즉 보복성 무력행사에 의하여 발생하는 것이다. 그런데도 이에 대한 행위반가치를 의제하고, 심지어 아무런 위해나 심각한 위험의 발생이 없는 경우에도 미수범으로 처벌하는 심판대상조항은 북한의 적대적 조치로 초래되는 위해나 심각한 위험 발생의 책임을 전단등 살포 행위자에게 전가하는 것이다.

(다) 심판대상조항에 따른 기수범이 성립하려면 전단등 살포와 국민의 생명·신체에 대한 위해나 심각한 위험의 발생 사이에 인과관계가 인정되고, 행위자에게 위와 같은 위해나 위험의 발생에 대한 고의가 요구된다는 점에는 의문이 없다.

전단등 살포와 위해나 위험 발생 사이의 인과관계를 인정하여 행위자에게 기수의 형사책임을 부과하려면 행위자의 결과 발생에 대한 지배가능성을 긍정할 수 있어야 한다. 그런데 행위자가 앞서 본 바와 같이 북한을 지휘·통제하는 것이 아니어서 그들의 적대적 조치를 조종할 수 없는 이상, 단지 평소 북한이 전단등 살포에 민감하게 반응하여 보복에 나설 가능성이 상존하고 행위자가 이를 예견할 수 있었다는 사정만으로는 행위자의 결과 발생에 대한 지배가능성을 인정할 수 없다. 이와 같이 본다면 심판대상조항은 상당한 인과관계를 인정하기 어려워 기수범이 성립할 수 없는 범죄를 기수범과 미수범으로 나누어 규정한 것으로서 그 자체로 모순을 가진 것이 된다.

(라) 법원이 구체적 사건에서 인과관계와 고의의 존부를 판단하여 범죄성립 여부를 결정할 수 있다고 하더라도, 이와 같이 국민의 생명·신체에 대한 위해나 심각한 위험의 발생이 전적으로 제3자인 북한에 의하여 초래되고 이에 대한 행위자의 지배가능성이 인정되지 않는 이상, 전단등 살포에 대하여 형벌을 부과하는 것은 비난가능성이 없는 자에게 형벌을 가하는 것과 다름이 없다. 따라서 심판대상조항은 책임주의원칙에도 위배되어 청구인들의 표현의 자유를 침해한다.

Ⅲ. 결론

그렇다면 심판대상조항은 헌법에 위반되므로 주문과 같이 결정한다. 이 결정에는 재판관 김기영, 재판관 문형배의 반대의견이 있다.

결정의 의의

헌법재판소는 심판대상조항이 국민의 생명·신체의 안전을 보장하고 남북 간 긴장을 완화하며 평화통일을 지향하여야 하는 국가의 책무를 달성하기 위한 것으로서 그 입법목적이 정당하다고 보면서도, 심판대상조항에 따라 제한되는 표현의 내용이 매우 광범위하고, 최후의 수단이 되어야 할 국가형벌권까지 동원한 것이어서, 표현의 자유를 지나치게 제한한다고 판단하였다.

헌법재판소의 이번 결정은 표현의 내용을 제한하는 법률에 대하여 위헌 여부를 심사할 때는 더 엄격한 기준에 따라야 한다는 선례의 입장에 기초한 것으로서, 표현의 자유가 민주주의의 근간이 되는 헌법적 가치라는 점과 그 보장의 중요성을 다시 한번 강조한 것으로 볼 수 있다.

헌법재판소의 이번 결정에 따라 접경지역에서 대북 전단 등을 살포하는 행위에 대한 일반적 제한은 철폐되었다. 다만 위헌의견에서 제시된 대안에서 보는 바와 같이, 전단 등 살포 현장에서는 현행 '경찰관 직무집행법' 등에 따라 접경지역 주민의 위해를 방지하기 위한 조치가 이루어질 수 있다. 입법자는 향후 전단 등 살포가 이루어지는 양상을 고찰하여 접경지역 주민의 안전보장을 위한 경찰 등의 대응 조치가 용이하게 이루어질 수 있도록 하기 위하여 전단 등 살포 이전에 관계 기관에 대한 신고 의무를 부과하는 등의 입법적 조치를 고려할 필요가 있다.

2023.9.26. 2019헌마1417 [인천애(愛)뜰의 사용 및 관리에 관한 조례 제6조 등 위헌확인]　　[위헌]

1. 사건의 개요

청구인들은 인천광역시에서 거주·활동하는 자연인 또는 법인·단체이다. 인천광역시는 인천 남동구 구월동 시청사 부지 가장자리에 설치되어 있던 외벽과 화단 등을 철거하여 잔디마당과 그 경계 내 부지에 광장을 조성하고(이하 이들을 합하여 '잔디마당'이라 한다), 시청 앞 도로 건너편 미래광장에 있었던 다목적광장과 수경공간에 '바닥분수 광장'과 '음악분수 광장'을 조성하였으며(이하 이들을 합하여 '분수광장'이라 한다), 잔디마당과 분수광장을 서로 연결하였다. 인천광역시는 잔디마당과 분수광장 일대의 명칭을 '인천애(愛)뜰'(이하 '인천애뜰'이라 한다)이라 정하고, 2019. 11. 1.부터 일반인에게 널리 개방하였다.

청구인들은 잔디마당에서 '인천애뜰, 모두를 위한 뜰'이라는 이름으로 집회를 개최하기 위하여, 2019. 12. 13. 잔디마당에 대한 사용허가 신청을 하였으나, 인천광역시장은 잔디마당에서 집회 또는 시위를 하려고 하는 경우 그 사용허가를 할 수 없도록 규정한 '인천애뜰의 사용 및 관리에 관한 조례' 제7조 제1항 제5호 가목을 들어 이를 허가하지 않았다.

이에 청구인들은, '인천애뜰의 사용 및 관리에 관한 조례' 제6조, 제7조가 청구인들의 집회의 자유 등 기본권을 침해한다고 주장하며, 2019. 12. 20. 이 사건 헌법소원심판을 청구하였다.

2. 심판의 대상

인천애(愛)뜰의 사용 및 관리에 관한 조례(2019. 9. 23. 인천광역시조례 제6255호로 제정된 것)
제7조(사용허가 또는 제한) ① 시장은 제6조에 따른 신청이 있는 경우 다음 각 호의 어느 하나에 해당되지 않은 경우에 한하여 허가할 수 있다.
　　5. 인천애뜰의 잔디마당과 그 경계 내 부지를 사용하고자 하는 사항 중 다음 각 목에 해당하는 경우
　　　가. 집회 또는 시위

3. 주 문

인천애(愛)뜰의 사용 및 관리에 관한 조례(2019. 9. 23. 인천광역시조례 제6255호로 제정된 것) 제7조 제1항 제5호 가목은 헌법에 위반된다.

Ⅰ. 판시사항

1. 집회 또는 시위를 하기 위하여 인천애(愛)뜰 중 잔디마당과 그 경계 내 부지에 대한 사용허가 신청을 한 경우 인천광역시장이 이를 허가할 수 없도록 제한하는 인천애(愛)뜰의 사용 및 관리에 관한 조례(이하 '이 사건 조례'라 한다) 제7조 제1항 제5호 가목(이하 '심판대상조항'이라 한다)이 법률유보원칙에 위배되어 청구인들의 집회의 자유를 침해하는지 여부(소극)
2. 심판대상조항이 과잉금지원칙에 위배되어 청구인들의 집회의 자유를 침해하는지 여부(적극)

Ⅱ. 판단

1. 제한되는 기본권과 쟁점

　(1) 집회의 자유 침해 여부

인천애뜰에서 집회 또는 시위를 개최하려면 이 사건 조례에 따라 미리 사용허가를 받아야 하는데, 심판대상조항에 의하면 시장은 신청자가 잔디마당에서 집회 또는 시위를 하려고 하는 경우에는 그 사용허가를 할 수 없다. 따라서 심판대상조항은 청구인들이 잔디마당을 <u>집회 장소로 선택할 권리</u>를 제한한다.

집회 장소를 자유롭게 선택할 권리는 집회의 자유에 의하여 보호된다. 이하에서는 심판대상조항이 법률유보원칙과 과잉금지원칙을 위반하여 청구인들의 집회의 자유를 침해하는지 여부에 대하여 살펴본다.

(2) 그 밖의 주장

(가) 청구인들은 심판대상조항이 헌법 제21조 제2항이 규정하는 집회에 대한 허가제 금지 원칙에 위반된다고 주장한다. 그러나 심판대상조항은 잔디마당에서 집회 또는 시위를 하려고 하는 경우 시장이 그 사용허가를 할 수 없도록 전면적·일률적으로 불허하고, '허가제'의 핵심 요소라 할 수 있는 '예외적 허용'의 가능성을 열어두고 있지 않다. 그렇다면 심판대상조항은 집회에 대한 허가제를 규정하였다고 보기 어려우므로, 헌법 제21조 제2항 위반 주장에 대해서는 나아가 살펴보지 않기로 한다.

(나) 청구인들은 심판대상조항이 일반적 행동의 자유도 침해한다고 주장하고 있으나, 집회의 자유에 대한 침해 여부를 살펴보는 이상, 그에 대한 보충적 지위에 있다고 할 수 있는 일반적 행동의 자유 침해 여부는 살펴보지 않기로 한다. 또한 청구인들은 심판대상조항이 거주·이전의 자유도 침해한다고 주장하고 있으나, 생활의 근거지에 이르지 않는 일시적 이동을 위한 장소의 선택·변경은 거주·이전의 자유에 의하여 보호되는 것이 아니므로 심판대상조항에 의한 기본권 제한으로 볼 수 없다(헌재 2011.6.30. 2009헌마406 참조).

(다) 청구인들은 서울특별시 서울광장에서의 집회·시위는 광장사용신고서를 제출하는 것만으로 가능한 것과 비교하면서, 심판대상조항에 의하여 평등권이 침해된다고 주장한다. 그러나 서울광장과 이 사건 인천애뜰은 이를 소유·관리하는 주체가 서로 다르므로 양자는 차별을 문제삼을 수 있는 비교집단으로 볼 수 없다(헌재 2009.3.26. 2006헌마72 참조). 따라서 청구인들의 평등권 침해 주장에 대해서는 나아가 살펴보지 않기로 한다.

2. 법률유보원칙 위반 여부

(1) 헌법 제117조 제1항은 지방자치단체가 법령의 범위 안에서 자치에 관한 규정을 제정할 수 있도록 하고, 지방자치법 제28조 제1항은 "지방자치단체는 법령의 범위에서 그 사무에 관하여 조례를 제정할 수 있다. 다만, 주민의 권리 제한 또는 의무 부과에 관한 사항이나 벌칙을 정할 때에는 법률의 위임이 있어야 한다."라고 규정한다. 그런데 조례 제정권자인 지방의회는 선거를 통하여 그 지역적 민주적 정당성을 부여받은 주민의 대표기관이고, 헌법이 지방자치단체에 대해 포괄적인 자치권을 보장하고 있는 취지에 비추어, 조례에 대한 법률의 위임은 법규명령에 대한 법률의 위임과 같이 반드시 구체적으로 범위를 정할 필요가 없으며, 포괄적으로도 할 수 있다(헌재 1995.4.20. 92헌마264등; 헌재 2019.11.28. 2017헌마1356 참조).

(2) 지방자치법에 의하면 공유재산의 관리, 광장의 설치 및 관리는 일반적으로 지방자치단체의 사무에 속하고(제13조 제2항 제1호 자목 및 제5호 나목 참조), <u>공공시설의 설치와 관리에 관하여 다른 법령에 규정이 없으면 조례로 정하도록 하고 있다</u>(제161조 제2항).

이 사건 조례는 위 법률조항들에 근거하여 인천광역시가 소유한 공유재산이자 공공시설인 인천애뜰의 사용 및 관리에 필요한 사항을 규율하기 위하여 제정된 것으로(제1조), 심판대상조항은 인천애뜰의 잔디마당과 그 경계 내 부지의 사용 기준을 정한 것이다. 그렇다면 <u>심판대상조항은 법률의 위임 내지는 법률에 근거하여 규정된 것이라고 할 수 있으므로, 법률유보원칙에 위배되는 것으로 볼 수 없다.</u>

3. 과잉금지원칙 위반 여부

(1) 목적의 정당성

잔디마당은 본래 시청사 부지 가장자리에 있었던 외벽과 화단 등을 철거하여 조성되어 시청사와 매우 근접한 장소로, 만약 집회·시위가 평화적으로 이루어지지 않을 경우 시청사의 안전과 기능 유지가 직접적으로 위협받을 수 있는바, 심판대상조항은 시청사의 안전과 기능을 확보하기 위한 규정으로 볼 수 있다.

또한 심판대상조항은 집회·시위를 개최하거나 참석하는 사람들의 잔디마당에 대한 독점적·배타적 사용을 차단함으로써 집회·시위에 참석하지 않는 시민이 자유롭게 잔디마당을 산책, 운동, 휴식 등의 장소로 이용할 수 있도록 하기 위한 규정이다. 이러한 심판대상조항의 목적은 정당하다.

(2) 수단의 적합성

집회·시위를 위한 잔디마당 사용허가가 전면적·일률적으로 차단되면 잔디마당에서 열리는 집회·시위의 개최도 봉쇄되므로 이로 인하여 시청사의 안전과 기능이 위협받을 가능성이 작아지고 해당 집회·시위에 참석하지 않는 시민의 자유로운 이용이 배제될 여지도 줄어들게 되는바, 수단의 적합성도 인정된다.

(3) 침해의 최소성

(가) 집회 장소는 집회 목적·효과와 관련하여 중요한 의미를 가지므로, 집회 장소를 자유롭게 선택할 수 있어야 집회의 자유가 비로소 효과적으로 보장된다. 특정 장소를 집회 장소로 정할 때는 그곳이 집회 목적과 특별한 연관성이 있기 때문이다. 따라서 집회의 자유는 다른 법익의 보호를 위하여 정당화되지 않는 한 집회 장소를 항의의 대상으로부터 분리하는 것을 금지한다(헌재 2003.10.30. 2000헌바67등 참조).

잔디마당은 인천광역시 시청사 부지 가장자리에 있던 외벽 등을 철거하여 시청사 바로 앞까지 조성된 공간으로, 도심에 위치하고 일반인에게 자유롭게 개방된 공간이며, 도보나 대중교통으로 접근하기 편리하고 다중의 이목을 집중시키기에 유리하여, 인천광역시 또는 그 인근 지역에 거주하거나 생활근거지를 둔 다수인이 모여 공통의 의견을 표명하기에 적합한 공간적 특성을 가지고 있다. 특히 잔디마당을 둘러싸고 인천광역시, 시의회, 시 교육청 청사 등이 있으며 이들은 모두 인천광역시 행정 사무의 중심적 역할을 수행하고 있으므로, 이와 같은 지방자치단체의 행정사무에 대한 의견을 표명하려는 목적이나 내용의 집회의 경우에는 장소와의 관계가 매우 밀접하여 상징성이 큰 곳이라 할 수 있다. 이러한 장소적 특성을 고려하면 집회의 장소로 잔디마당을 선택할 자유는 원칙적으로 보장되어야 하고, 공유재산의 관리나 공공시설의 설치·관리 등의 명목으로 일방적으로 제한되어서는 안 된다. 그럼에도 심판대상조항은 집회 또는 시위를 위한 잔디마당의 사용허가 신청에 대해서는 예외 없이 이를 허가할 수 없도록 규정하여, 잔디마당에서의 집회·시위를 전면적·일률적으로 금지하고 있다.

(나) 잔디마당은 시청사와 매우 근접한 곳이어서 여기서 집회·시위가 개최되는 경우 시청사의 안전과 기능 유지에 위협이 될 수도 있으나, 인천광역시가 스스로 결단하여 시청사에 인접한 곳까지 개방된 공간을 조성한 이상 이는 불가피한 측면이 있다. 인천광역시로서는 시청사 보호를 위한 방호인력을 확충하고 청사 입구에 보안시설물을 설치하는 등의 대책을 마련함으로써, 잔디마당에서의 집회·시위를 전면적으로 제한하지 않고도 시청사의 안전과 기능 유지라는 입법목적을 충분히 달성할 수 있을 것이다.

한편, 잔디마당에서의 집회·시위에는 '집회 및 시위에 관한 법률'이 적용되므로, 그에 따른 절차 및 제한을 준수하여야 한다. 만약 집회 또는 시위가 '집단적인 폭행, 협박, 손괴, 방화 등으로 공공의 안녕 질서에 직접적인 위협을 끼칠 것이 명백'하여 시청사의 안전과 기능 확보를 위협할 것이 분명하거나, 인천애뜰을 이용하는 시민들의 안전이 저해될 우려가 현저한 경우에는, 관할경찰서장이 위 법률상 금지·제한 통고나 해산명령으로 대응할 수 있으므로, 시청사의 안전과 기능 보장 및 시민의 자유로운 이용이라는 입법목적을 달성하는 데는 어려움이 없다(제5조 제1항 제2호, 제8조 제1항 제1호, 제20조 제1항 제1호 참조).

(다) 인천광역시는 2019. 11. 1. 인천애뜰을 새롭게 조성하여 개장하면서 '24시간 연중 개방된 시민 공간'이라는 점을 스스로 강조하였고, 잔디마당이라고 하여 예외를 두지 않았다. 실제로도 잔디마당과 분수광장 등 인천애뜰의 모든 영역은 일반인에게 널리 개방되어 자유로운 통행과 휴식 등 공간으로 활용되고 있다. 잔디마당의 현황과 실제 운영방식이 이와 같은 이상, 잔디마당이 시청사 및 부설 주차장 등과 함께 여전히 국토계획법상 공공청사 부지에 속한다고 하더라도 이를 집회의 자유를 전면적·일률적으로 제한할 수 있는 근거로 삼을 수 없다.

(라) 인천광역시는 집회 또는 시위를 위한 잔디마당 사용이 제한되더라도, 여전히 인천애뜰의 나머지 부분인 분수광장에서 집회를 하려고 하는 경우 그 사용허가를 받을 수 있으며, 특히 사용허가 신청이 중복되는 경우에

는 '바닥분수 광장 또는 음악분수 광장에서의 집회'에 대하여 우선하여 허가할 수 있도록 규정하고 있는 점(이 사건 조례 제7조 제2항 제4호) 등을 고려하면, 심판대상조항이 집회의 자유를 위축시키지 않는다는 취지로 주장한다.

그러나 위에서 본 바와 같이 집회의 목적이나 내용은 집회 장소와 밀접 불가분의 관계에 있는바, 이 사건 조례 제7조 제2항 제4호에 따라 분수광장을 사용하는 것이 용이하다고 하더라도, 이는 시청사에서 상대적으로 멀리 떨어져 있어 집회·시위의 효율적인 목적 달성이 어려울 수 있으므로, 분수광장에서 집회를 개최할 수 있는 점이 잔디마당에서의 집회 또는 시위를 금지하는 데 대한 대안이 될 수는 없다.

(마) 따라서 심판대상조항은 침해의 최소성 요건을 갖추지 못하였다.

(4) 법익의 균형성

심판대상조항을 통하여 시청사의 안전과 기능을 확보하고, 공무원이 외부로부터의 심리적 압력을 받지 않고 공무에 집중할 수 있는 환경이 조성되며, 집회·시위의 영향을 받지 않고 잔디마당을 산책, 운동, 휴식을 위한 공간으로 사용하려 하는 사람의 편익이 증진될 여지가 있다. 그러나 심판대상조항에 의하면 잔디마당을 집회 장소로 선택할 자유가 완전히 제한되는바, 공공에 위험을 야기하지 않고 시청사의 안전과 기능에도 위협이 되지 않는 집회나 시위까지도 예외 없이 금지되는 불이익이 발생하게 된다. 그렇다면 심판대상조항으로 인하여 제한되는 사익이 위 공익보다 중대하다고 보이므로, 심판대상조항은 법익의 균형성 요건도 갖추지 못하였다.

(5) 소결

이상에서 살펴본 내용을 종합하면, 심판대상조항은 과잉금지원칙에 위배되어 청구인들의 집회의 자유를 침해한다.

Ⅲ. 결론

그렇다면, 심판대상조항은 헌법에 위반되므로 관여 재판관 전원의 일치된 의견으로 주문과 같이 결정한다.

결정의 의의

헌법재판소 선례는, "집회 장소가 집회의 목적과 효과에 대하여 중요한 의미를 가지기 때문에, 누구나 '어떤 장소에서' 자신이 계획한 집회를 할 것인가를 원칙적으로 자유롭게 결정할 수 있어야만 집회의 자유가 비로소 효과적으로 보장된다"는 점을 강조한 바 있다(헌재 2003.10.30. 2000헌바67등 참조).

잔디마당은 인천광역시 스스로 결단하여 종래의 시청사 외벽 등을 철거하고 새롭게 조성한 공간으로, 평소 일반인에게 자유롭게 개방되어 있으며, 도심에 위치하여 도보나 대중교통으로 접근하기 편리하고 다중의 이목을 집중시키기에 유리하며, 주변에 지방자치단체 주요 행정기관들의 청사가 있다.

헌법재판소는 위와 같은 잔디마당의 장소적 특성과 현황을 고려할 때, 집회 장소로 잔디마당을 선택할 자유는 원칙적으로 보장되어야 하고, 공유재산의 관리나 공공시설의 설치·관리 등의 명목으로 일방적으로 제한되어서는 안 되는바, 집회·시위를 목적으로 하는 경우에는 잔디마당의 사용을 전면적·일률적으로 제한하는 심판대상조항이 과잉금지원칙에 위배된다고 판단하였다.

한편, 잔디마당에서의 집회·시위는 '집회 및 시위에 관한 법률'에 따른 절차 및 제한을 준수하여야 하므로, 심판대상조항을 위헌으로 선언하더라도 시청사의 안전과 기능 보장, 시민의 자유로운 이용이라는 목적은 달성될 수 있을 것이다.

06 군사법원법상 비용보상청구권의 제척기간 사건

2023.8.31. 2020헌바252 [군사법원법 제227조의12 제2항 위헌소원] [위헌]

1. 사건의 개요

1. 청구인은 2017. 3. 17. 강간, 공문서위조, 위조공문서행사 혐의로 구속 기소된 후 2017. 6. 27. 육군교육사령부 보통군사법원에서 위 공소사실에 대하여 모두 유죄로 인정되어 징역 2년을 선고받고(2017고2), 2017. 12. 6. 항소심인 고등군사법원에서 공문서위조, 위조공문서행사는 유죄로, 강간의 점에 대하여 무죄를 선고받아, 2017. 12. 14. 확정되었다(2017노291).

2. 청구인은 2020. 3. 3. 고등군사법원에 군사법원법 제227조의11에 따른 비용보상청구를 함과 동시에(2020코2) 비용보상청구권의 제척기간을 정한 군사법원법 제227조의12 제2항에 대하여 위헌법률심판제청신청을 하였으나(2020초기1), 고등군사법원은 무죄판결이 확정된 날부터 6개월의 청구기간이 도과되었다는 이유로 2020. 3. 11. 청구인의 비용보상청구를 각하함과 동시에 위 신청을 기각하였다. 청구인은 2020. 4. 11. 위 조항에 대하여 이 사건 헌법소원심판을 청구하였다.

2. 심판의 대상

구 군사법원법(2009. 12. 29. 법률 제9841호로 개정되고, 2020. 6. 9. 법률 제17367호로 개정되기 전의 것)
제227조의12(비용보상의 절차 등) ② 제1항에 따른 청구는 <u>무죄판결이 확정된 날부터 6개월 이내에 하여야 한다.</u>

[관련조항]

군사법원법(2009. 12. 29. 법률 제9841호로 개정된 것)
제227조의11(무죄판결과 비용보상) ① 국가는 무죄판결이 확정된 경우에는 해당 사건의 피고인이었던 사람에게 그 재판에 사용된 비용을 보상하여야 한다.
제227조의12(비용보상의 절차 등) ① 제227조의11 제1항에 따른 비용의 보상은 피고인이었던 사람의 청구에 따라 무죄판결을 선고한 군사법원에서 결정으로 한다.
제227조의13(비용보상의 범위) ① 제227조의11에 따른 비용보상의 범위는 피고인이었던 사람 또는 그 변호인이었던 사람이 공판준비 및 공판기일에 출석하기 위하여 사용한 여비, 일당, 숙박료와 변호인이었던 사람에 대한 보수로 한정한다. 이 경우 보상금액에 관하여는 「형사소송비용 등에 관한 법률」을 준용하되, 피고인이었던 사람에게는 증인에 관한 규정을 준용하고, 변호인이었던 사람에게는 국선변호인에 관한 규정을 준용한다.

군사법원법(2020. 6. 9. 법률 제17367호로 개정된 것)
제227조의12(비용보상의 절차 등) ② 제1항에 따른 청구는 무죄판결이 확정된 사실을 안 날부터 3년, 무죄판결이 확정된 날부터 5년 이내에 하여야 한다.

형사소송법(2014. 12. 30. 법률 제12899호로 개정된 것)
제194조의3(비용보상의 절차 등) ② 제1항에 따른 청구는 무죄판결이 확정된 사실을 안 날부터 3년, 무죄판결이 확정된 때부터 5년 이내에 하여야 한다.

형사보상 및 명예회복에 관한 법률(2011. 5. 23. 법률 제10698호로 전부개정된 것)
제8조(보상청구의 기간) 보상청구는 무죄재판이 확정된 사실을 안 날부터 3년, 무죄재판이 확정된 때부터 5년 이내에 하여야 한다.

3. 주 문

구 군사법원법(2009. 12. 29. 법률 제9841호로 개정되고, 2020. 6. 9. 법률 제17367호로 개정되기 전의 것) 제227조의12 제 2항은 헌법에 위반된다.

Ⅰ. 판시사항

비용보상청구권의 제척기간을 무죄판결이 확정된 날부터 6개월 이내로 규정한 구 군사법원법 제227조의12 제2 항(이하 '심판대상조항'이라 한다)이 헌법에 위반되는지 여부(적극)

Ⅱ. 판단

1. 무죄판결에 따른 비용보상청구 제도

형사소송법은 2007. 6. 1. 법률 제8496호로 개정되면서 제194조의2 제1항에서 "국가는 무죄판결이 확정된 경우에는 당해 사건의 피고인이었던 자에 대하여 그 재판에 소요된 비용을 보상하여야 한다."라는 내용의 비용보상청구 제도를 신설하였다. 이후 군사재판의 절차를 규정하는 군사법원법도 2009. 12. 29. 법률 제9841호로 개정되어 제227조의11 내지 제227조의14에서 무죄판결과 비용보상에 관하여 규정하게 되었다.

이러한 비용보상청구 제도의 취지는 국가의 잘못된 형사사법권 행사로 인하여 피고인이 무죄를 선고받기 위하여 부득이 변호사 보수 등을 지출할 경우, 국가로 하여금 피고인에게 그 재판에 소요된 비용을 보상하도록 함으로써 국가의 형사사법작용에 내재한 위험성 때문에 불가피하게 비용을 지출한 비용보상청구권자의 방어권 및 재산권을 보장하려는 데 목적이 있다(대결 2019.7.5. 2018모906 참조).

비용보상청구권은 구금되었음을 전제로 하는 헌법 제28조의 형사보상청구권이나 국가의 귀책사유를 전제로 하는 헌법 제29조의 국가배상청구권이 헌법적 차원에서 명시적으로 규정되어 보호되고 있는 것과 달리, 입법자가 입법의 목적, 국가의 경제적·사회적·정책적 사정들을 참작하여 적용요건, 적용대상, 범위 등 구체적인 사항을 법률에 규정하여 제정함으로써 비로소 형성된 권리이다(헌재 2012.3.29. 2011헌바19 참조).

심판대상조항은 비용보상의 청구를 무죄판결이 확정된 날부터 6개월 이내에 하도록 규정하고 있는데, 이러한 비용보상의 청구기간은 재판상 그 권리를 행사하여야 하는 기간으로서 제척기간(제소기간)에 해당한다.

2. 재판관 유남석, 재판관 김기영, 재판관 문형배, 재판관 이미선의 위헌의견

심판대상조항은 군사법원에서 무죄판결이 확정된 경우 피고인이 비용보상청구권을 재판상 행사할 수 있는 기간을 제한하는 규정이므로, 과잉금지원칙을 위반하여 비용보상청구권자의 재판청구권과 재산권을 침해하는지 여부가 문제된다.

(1) 입법목적의 정당성 및 수단의 적합성

심판대상조항이 비용보상청구권에 관한 제척기간을 무죄판결이 확정된 날부터 6개월로 정한 것은 비용보상에 관한 국가의 채무관계를 조기에 확정하여 국가재정을 합리적으로 운영하기 위한 것으로서, 입법목적의 정당성을 인정할 수 있다. 또한 무죄판결이 확정된 날부터 6개월이 지나면 비용보상청구권을 행사할 수 없도록 한 것은 위와 같은 입법목적을 달성하기 위한 적합한 수단에 해당한다.

(2) 침해의 최소성

그러나 심판대상조항은 다음과 같은 이유로 침해의 최소성을 충족하지 못한다.

(가) 권리관계를 조속히 확정하기 위하여 제척기간을 단기로 규정하는 것은 권리의 행사가 용이하고 일상적으로 빈번히 발생하는 것이거나 권리의 행사로 인하여 상대방의 지위가 특별히 불안정해지는 경우 또는 권리의 행사 여부에 따라 상대방 또는 제3자의 의무나 법적 지위가 달라지는 경우 등 법률관계를 보다 신속히 확정하여 분쟁을 방지할 필요가 있는 경우이다(헌재 2010.7.29. 2008헌가4 참조).

그런데 군사법원법상 비용보상청구권은 위에서 열거하는 어떠한 사유에도 해당하지 아니한다. 오히려 비용보상제도의 취지가 국가의 형사사법작용에 내재한 위험성 때문에 불가피하게 비용을 지출한 피고인의 방어권 및 재산권을 보장하려는 데에 있는 점을 고려하면, 비용보상청구권은 일반적인 사법상의 권리보다 더 확실하게 보호되어야 한다. 이러한 점에 비추어 볼 때, 군사법원법상 비용보상청구권이 법률로 형성된 권리로서 그 행사기간을 정하는 것이 입법재량의 영역에 속한다고 하더라도 그 제척기간을 6개월이라는 단기로 규정해야 할 합리적인 이유가 있다고 할 수 없다.

(나) 군사법원법에서는 형사소송법과 마찬가지로 피고인이 재정하지 아니한 가운데 재판할 수 있는 예외적인 경우(제325조, 제325조의2 제1항, 제357조, 제385조, 제426조 등)를 상정하고 있고, 재심의 경우에는 검사나 유죄를 선고받은 사람의 법정대리인이, 유죄를 선고받은 사람에게 심신장애가 있으면 그 배우자 등이 재심청구를 할 수 있어(제473조) 피고인이 재판의 진행이나 무죄판결의 선고 사실을 모르는 경우가 발생할 수도 있다. 그럼에도 심판대상조항은 피고인이 무죄판결의 확정사실을 알고 있었는지 또는 비용보상청구권을 행사하지 못한 데에 귀책사유가 있는지 여부와 관계없이 일률적으로 그 제척기간을 무죄판결이 확정된 때부터 진행하도록 규정하고 있는데, 기산점에 관한 예외를 인정하지 아니한 채 '무죄판결이 확정된 날부터 6개월'이라는 극히 단기의 제척기간을 규정한 것은 피고인의 비용보상청구를 현저히 곤란하게 하는 것이다.

(다) 심판대상조항이 '무죄판결이 확정된 날부터 6개월'이라는 단기의 제척기간을 두어 보호하고자 하는 공익은 국가재정의 합리적 운영이다. 그런데 2014. 12. 30. 법률 제12899호로 개정된 형사소송법이 비용보상청구권의 제척기간을 종전 '무죄판결이 확정된 날부터 6개월'에서 '무죄판결이 확정된 사실을 안 날부터 3년, 무죄판결이 확정된 때부터 5년'으로 개정하였으나, 위와 같은 개정으로 국가재정의 합리적인 운영이 저해되었다거나 그러한 위험이 있음을 인정할 만한 사정은 보이지 않는다. 따라서 군사법원법상 비용보상청구권의 제척기간도 합리적인 범위 내에서 심판대상조항이 정한 기간보다 장기로 규정하더라도 국가재정의 합리적 운영을 저해한다거나 그러한 위험을 초래한다고 보기는 어렵다. 이 사건 심판청구 이후 군사법원법이 2020. 6. 9. 법률 제17367호로 개정되면서 심판대상조항의 제척기간이 '무죄판결이 확정된 사실을 안 날부터 3년, 무죄판결이 확정된 날부터 5년 이내'로 개정되었는데, 이는 입법자가 형사소송법의 비용보상청구권 제척기간 개정 이후에 국가재정에 미치는 부정적인 영향이 없다고 판단하고 군사법원법상 비용보상청구권의 제척기간도 형사소송법상 비용보상청구권의 제척기간과 같이 개정한 것으로 보인다.

(라) 이상의 사정을 종합하면, 심판대상조항은 입법목적 달성에 필요한 정도를 넘어서 비용보상청구권자의 재판청구권 및 재산권을 제한하여 침해의 최소성에 위배된다.

(3) 법익의 균형성

심판대상조항이 무죄판결 확정일부터 6개월이라는 극히 단기의 제척기간을 두어 보호하고자 하는 공익은 국가재정에 관한 경제적인 것에 불과하고, 군사법원법 제227조의13 제1항이 비용보상의 범위를 제한하고 있어 국가가 보상하여야 할 비용의 액수도 국가 전체 예산규모에 비추어 미미하다고 할 것이다. 또한 피고인에게 비용보상청구권을 넓게 인정한다고 하여 법적 혼란이 초래될 염려도 없다.

반면 국가의 형사사법작용에 내재한 위험성으로 인하여 불가피하게 소송비용을 지출한 비용보상청구권자의 재판청구권 및 재산권은 보호할 필요성이 매우 크다고 할 것이다.

따라서 심판대상조항은 국가재정의 합리적 운영이라는 공익에 비하여 비용보상청구권자의 재판청구권 및 재산권을 과도하게 제한하는 것으로서 법익의 균형성 요건 또한 갖추었다고 할 수 없다.

(4) 소결

심판대상조항은 과잉금지원칙을 위반하여 비용보상청구권자의 재판청구권과 재산권을 침해한다.

3. 재판관 이은애, 재판관 이종석, 재판관 이영진, 재판관 정정미의 위헌의견

헌법재판소는 2015. 4. 30. 2014헌바408등 결정에서 심판대상조항과 동일한 내용의 구 형사소송법 제194조의3 제2항에 대하여, 비용보상청구권의 특성, 입법형성에 관한 재량권 등을 종합하면 과잉금지원칙에 위배하여 재판청구권이나 재산권을 침해하지 않는다고 보았다. 심판대상조항은 비용보상청구권자가 군사법원법의 적용을 받는 차이가 있을 뿐, 선례와 달리 판단할 사정변경이나 이유를 찾기 어렵기 때문에, 과잉금지원칙에 위반되지 않는다.

하지만 형사소송법은 2014. 12. 30. 비용보상청구권의 제척기간을 '무죄판결이 확정된 사실을 안 날부터 3년, 무죄판결이 확정된 때부터 5년 이내'로 개정하였다. 무죄를 선고받은 비용보상청구권자가 형사소송법이 적용되는지와 군사법원법이 적용되는지는 본질적인 차이가 없는데, 심판대상조항의 제척기간이 형사소송법보다 짧은 것에는 그 차별을 정당화할 합리적인 이유를 찾아보기 어렵다. 군사법원법이 규정하는 비용보상청구권은 군사재판의 특수성이 적용될 영역이 아니기 때문이다. 따라서 심판대상조항은 군사법원법과 형사소송법의 적용을 받는 비용보상청구권자를 자의적으로 다르게 취급하여 평등원칙에 위반된다.

Ⅲ. 결론

그렇다면 심판대상조항은 헌법에 위반되므로, 주문과 같이 결정한다. 이 결정에는 주문에 관한 재판관 김형두의 헌법불합치의견이 있다.

> ### 결정의 의의
>
> 무죄판결이 확정된 피고인은 국가에 대하여 소송비용 등의 보상을 청구할 수 있는 비용보상청구권을 갖게 되는데, 헌법재판소는 비용보상청구권의 제척기간을 '무죄판결이 확정된 날부터 6개월'로 정한 구 군사법원법 조항이 헌법에 위반된다고 판단하였다. 다만, 위헌에 대한 이유에 있어서는 재판관들의 의견이 상이하였다. 재판관 4인의 위헌의견은, 심판대상조항이 제척기간을 단기로 정할 합리적인 이유가 없고, 기산점에 대한 예외를 인정하지 아니하였으므로, 과잉금지원칙에 위반하여 비용보상청구권자의 재판청구권 및 재산권을 침해한다고 판단하였다. 재판관 4인의 위헌의견은 심판대상조항과 같은 내용의 구 형사소송법 조항에 대한 선례 결정(2014헌바408등)의 이유와 같이 과잉금지원칙에 위반되지는 않지만, 이후 형사소송법만 개정됨에 따라 형사소송법보다 군사법원법상 비용보상청구권의 제척기간이 단기로 규정되어 평등원칙에 위반된다고 판단하였다.
>
> 재판관 1인의 주문에 관한 반대의견은, 평등원칙 위반으로 헌법에 반한다는 의견에 동의하지만, 단순위헌결정을 하게 되면 권리구제 범위가 상당히 제한되므로, 헌법불합치결정을 하여 입법개선권고를 통해 권리구제 범위를 확대하여야 한다고 판단하였다.
>
> 헌법에 위반되는 근거 및 주문에 관한 의견은 다르지만, 비용보상청구권의 제척기간을 정한 구 군사법원법 조항이 헌법에 위반된다는 점에 대하여는 재판관 전원의 일치된 의견이라는 점에서 의의가 있다.

2023.7.25. 2023헌나1 [행정안전부장관(이상민) 탄핵] **[기각]**

1. 사건의 개요

1. 2022. 10. 29. 토요일 서울 용산구 이태원동 해밀톤 호텔 서편의 골목길에 핼러윈데이(Halloween day)를 즐기려는 인파가 모여들었는데, 위 골목길은 평균 폭 4m의 티(T)자형의 내리막 경사로로, 골목길 위편에 '세계음식문화거리'가 있고, 아래편은 이태원역 1번 출구에 근접해 있다.

   당일 17:00경부터 통행 인파가 늘면서 다중밀집 상태가 계속된 가운데 22:15 무렵 위 골목길에서 여러 사람이 동시다발적으로 넘어지면서 밀집된 사람들에게 눌림과 끼임이 발생하였고, 이러한 상황은 23:22경 해소되었다. 이때 발생한 눌림과 끼임에 의한 압력으로 사망자 총 159명, 부상자 총 320명의 인명피해사고가 발생하였다(이하 '이 사건 참사'라 한다).

2. 피청구인은 2022. 5. 12. 행정안전부장관으로 임명된 사람으로서, 국회의원 176인은 2023. 2. 6. 피청구인이 이 사건 참사와 관련한 사전 예방과 사후 재난대응 조치 및 관련 발언을 함에 있어 헌법과 법률을 위반하였다는 이유로 '행정안전부장관(이상민) 탄핵소추안'을 발의하였다.

3. 국회는 2023. 2. 8. 제403회 국회(임시회) 제4차 본회의에서 피청구인에 대한 탄핵소추안을 재적의원 299인 중 179인의 찬성으로 가결하였고, 소추위원은 2023. 2. 9. 헌법재판소법 제49조 제2항에 따라 소추의결서 정본을 헌법재판소에 제출하여 피청구인에 대한 탄핵심판을 청구하였다.

2. 심판의 대상

이 사건 심판대상은 행정안전부장관 이상민이 직무집행에 있어서 헌법이나 법률을 위반했는지 여부 및 파면 결정을 선고할 것인지 여부이다.

3. 주 문

이 사건 심판청구를 기각한다.

Ⅰ. 판시사항

1. 행정각부의 장의 탄핵 요건
2. 2022. 10. 29. 이태원에서 발생한 다중밀집으로 인한 인명피해사고(이하 '이 사건 참사'라 한다)와 관련하여, 피청구인의 사전 예방 조치가 헌법이나 법률을 위반하였는지 여부(소극)
3. 피청구인의 사후 재난대응 조치가 헌법이나 법률을 위반하였는지 여부(소극)
4. 피청구인의 사후 발언이 품위유지의무 위반에 해당하여 탄핵사유가 인정되는지 여부(소극)

Ⅱ. 행정각부의 장의 탄핵 요건에 관한 판단

1. 헌법 제65조는 행정각부의 장이 '그 직무집행에 있어서 헌법이나 법률을 위배한 때'를 탄핵소추사유로 규정하고, 헌법재판소법 제53조 제1항은 "탄핵심판청구가 이유 있는 경우에는 헌법재판소는 피청구인을 해당 공직에서 파면하는 결정을 선고한다."라고 규정하고 있다. 피청구인의 책임에 상응하는 헌법적 징벌의 요청 및 침해된 헌법질서를 회복하고 헌법을 수호하기 위한 탄핵심판의 제도적 기능에 비추어보면, '탄핵심판청구가 이유 있는 경우'란 피청구인의 파면을 정당화할 수 있을 정도로 중대한 헌법이나 법률 위반이 있는 경우를 말한다.

2. 행정각부의 장은 정부 권한에 속하는 중요정책을 심의하는 국무회의의 구성원이자 행정부의 소관 사무를 통할하고 소속공무원을 지휘·감독하는 기관으로서 행정부 내에서 통치기구와 집행기구를 연결하는 가교 역할을 하므로, 그에 대한 파면 결정이 가져올 수 있는 국정공백과 정치적 혼란 등 국가적 손실이 경미하다고 보기 어렵다. 다만, 국가 원수이자 행정부의 수반으로서 선거에 의하여 선출되어 직접적인 민주적 정당성을 부여받은 대통령과 비교할 때, 행정각부의 장은 정치적 기능이나 비중, 직무계속성의 공익이 달라 파면의 효과 역시 근본적인 차이가 있다. 따라서 '법 위반 행위의 중대성'과 '파면 결정으로 인한 효과' 사이의 법익형량을 함에 있어 이와 같은 점이 고려되어야 한다.

Ⅲ. 피청구인의 사전 예방조치에 관한 판단

1. 재난관리주관기관의 사전 지정에 관한 부분

재난관리주관기관이란 재난이나 그 밖의 각종 사고의 유형별로 예방·대비·대응 및 복구 등의 업무를 주관하여 수행하도록 대통령령으로 정하는 관계 중앙행정기관으로, 재난안전법 시행령 제3조의2 [별표 1의3]은 다중밀집으로 인한 압사 등 인명피해 사고(이하 '다중밀집사고'라 한다)에 대한 재난관리주관기관을 별도로 분류해두지 않고 있다. 다만 재난관리주관기관이 지정되지 않았거나 분명하지 않은 경우 행정안전부장관이 정부조직법에 따른 관장 사무와 피해 시설의 기능, 재난 및 사고 유형 등을 고려하여 재난관리주관기관을 정하도록 한다. 이와 같이 재난관리주관기관이 특정되지 않은 재난 발생 시 사후적으로 재난관리주관기관을 지정할 수 있도록 하는 점을 고려하면, 피청구인이 이 사건 참사 발생 전에 재난관리주관기관을 지정하지 않았다고 하여 재난안전법 위반으로 보기는 어렵다.

2. 재난안전법상 국가안전관리기본계획 및 집행계획 작성에 관한 부분

재난안전법에 따라 국무총리는 국가의 재난 및 안전관리업무에 관한 기본계획(이하 '국가안전관리기본계획'이라 한다)을 작성하고, 관계 중앙행정기관의 장은 국가안전관리기본계획의 집행계획을 작성하여야 한다(제22조, 제23조 등).

이와 같이 국가안전관리기본계획의 수립은 기본적으로 국무총리의 수립지침 작성에서부터 시작되고, 이 사건 참사 발생 당시 적용된 '제4차 국가안전관리기본계획'(2020~2024년)과 그에 따른 '2022년 행정안전부 집행계획'은 법령에서 정한 작성시기에 따라 피청구인이 행정안전부장관으로 임명되기 전에 이미 작성된 것이다. 위 계획에 다중밀집사고가 특정되어 있지는 않았으나, 긴급 상황 발생 시의 대응계획 등이 마련되어 있었던 점까지 고려하면, 피청구인이 위 계획을 수정·변경하지 않았다는 이유로 재난안전법을 위반하였다고 볼 수 없다.

3. 다중밀집사고 예방에 관한 부분

(1) 재난안전법 제66조의11은 지역축제의 개최자로 하여금 안전관리계획을 수립하고 그 밖에 안전관리에 필요한 조치를 하도록 한다. 피청구인은 위 조항에 근거해 안전관리계획 수립 대상 축제 중 대규모·고위험 축제에 대해 필요시 표본점검 실시, 미비점에 대한 개선·보완 시정 요청 및 조치결과 확인 등을 하였다. 또한 재난안전법 시행령 제73조의9 제5항에 따라 지역축제 안전관리 매뉴얼이 통보·공개된 사실도 있으므로 다중밀집사고 자체에 대한 예방·대비가 없었다고 볼 수 없다.

(2) 이 사건 참사와 같이 주최자가 없는 행사에서 발생한 다중밀집사고는 재난안전법 제66조의11이나 그에 근거한 매뉴얼이 명시한 적용대상은 아니므로, 이에 대한 별도의 구체적인 예방·대비조치를 마련하지 않은 것이 문제될 수 있다. 그러나 세계 각국의 압사사고 사례 대부분은 구조물, 시설물과 관련이 있거나 인파의 밀집·흐름 유인 요소가 있었던 경우이고, 다중밀집사고 발생 후 비로소 만들어진 예방 지침과 매뉴얼도 주최자가 있는 행사나 직접적인 관리자가 있는 구조물 내지 시설물 등과 관련된 것이었다. 경찰이 제작한 '수익성 행사 관리매뉴얼(2005년)', '혼잡경비 실무 매뉴얼(2006년)', '다중운집행사 안전관리 매뉴얼(2014년)' 등도 주최자가 있는 행사를 그 적용 대상으로 하여 왔고, 행정안전부에 별도로 보고된 사실은 없었다.

이 사건 참사 발생 전 핼러윈 기간 이태원의 인파 밀집을 예상한 언론보도가 있었으나 그 내용이 다중밀집사고 자체를 예상하거나 우려했던 것으로 보기는 어렵고, 핼러윈데이 전후의 다중밀집사고의 위험성, 신고 전화의 내용에 대하여 이태원 지역을 관할하는 용산구청, 용산경찰서 등이 이 사건 참사 발생 전에 행정안전부나 피청구인에게 별도로 보고하지 않았다.

이러한 상황에서 피청구인에게 이 사건 참사를 사전에 방지하기 위해 중앙재난안전대책본부, 중앙사고수습본부를 설치하는 등의 조치를 미리 취할 것을 요구하기는 어렵다.

4. 재난안전통신망 구축 및 연계에 관한 부분

(1) 재난안전법 제34조의8 제1항, 재난안전통신망법 제7조 제1항 및 제8조 제1항은 행정안전부장관으로 하여금 재난안전통신망을 구축하고 그 운영·관리에 관한 사항을 관장하며 이를 위해 필요한 인력, 시설, 장비 등을 갖추도록 하는 의무 규정을 두고, 재난안전통신망법 제7조 제2항은 행정안전부장관으로 하여금 재난안전통신망을 지속적으로 고도화할 의무를 부여하고 있다.

재난안전통신망은 2014년부터 지속적으로 구축되어 왔으며, 2021. 5. 재난안전통신망 준공 및 개통이 있은 후에도 운영 기반 및 통신 인프라 고도화, 재난 현장 영상공유 플랫폼 구축 등 고도화 작업이 계속되고 있다.

(2) 이 사건 참사 발생 당시 재난안전통신망 운영센터가 서울, 대구, 제주에 설치되어 365일 24시간 운영 중이었고, 다수의 기지국이 구축되어 있었다. 이 사건 참사 당시 행정안전부는 이태원동 인근 재난안전통신망 기지국의 용량확보 및 집중관제를 실시하고, 차량형 이동기지국을 이태원 근처에 배치하여 트래픽 상승에 대비하였다. 또한 재난 현장 및 비상 상황에서 사용기관 간 협업 업무를 수행하기 위하여 '재난안전통신망 운영 및 사용에 관한 규정'에 따라 모든 단말기가 공통으로 사용할 수 있는 '공통 통화그룹'이 지정되어 있었다. 행정안전부장관은 재난안전통신망 표준운영절차의 활용에 필요한 자원 확보 기준을 제시하고, 표준운영절차를 개발·보급하였고, 행정안전부는 2021년부터 이 사건 참사 발생 전까지 재난안전통신망 장애대응 모의훈련, 재난안전통신망 활용 훈련 등을 실시하였다.

(3) 이 사건 참사 발생 당시 서울소방본부 119종합상황실은 재난안전통신망 구축 이전에 사용하던 무선통신망(TRS 방식)을 사용하고 재난안전통신망(PS-LTE 방식)을 사용하지 않는 등 재난안전통신망 사용이 미흡하였다. 그러나 이는 재난안전통신설비의 신규 도입·교체가 단계적으로 이루어져 종전의 무선통신망을 활용하는 지령 장치가 모두 교체되지 않았기 때문으로, 피청구인의 재난안전통신망 구축·운영 의무 불이행으로 인한 문제로 보기 어렵다. 또한 재난안전통신망법에 따른 재난안전통신망의 사용 대상은 재난관리책임기관·긴급구조기관 및 긴급구조지원기관이므로, '공통 통화그룹'에 대통령실이 반드시 포함되어야 한다고 볼 수 없다. 재난안전통신망법상 재난안전통신망 구축·운영의 책임과 재난안전통신망 사용의 책임은 구분되므로, 재난안전통신망의 미흡한 사용이 있었더라도 피청구인이 재난안전통신망 구축·운영의 의무를 다하지 못하였다고 보기 어렵다.

5. 소결

그렇다면 피청구인이 사전 재난 예방조치와 관련하여, 재해를 예방하기 위하여 노력하여야 할 국가의 의무를 규정한 헌법 제34조 제6항, 이를 구체화한 재난안전법 제4조 제1항, 제6조, 제22조, 제23조, 제25조의2, 제34조의8, 재난안전통신망법 제7조, 제8조를 위반하였다고 보기 어렵고, 나아가 국민의 기본권 보호의무의 근거가 되는 헌법 제10조, 공무원의 성실의무에 관한 헌법 제7조 제1항, 국가공무원법 제56조를 위반하였다고 볼 수 없다.

Ⅳ. 피청구인의 사후 재난대응 조치에 관한 판단

1. 재난안전법 위반 여부

(1) 중앙재난안전대책본부(이하 '중대본'이라 한다)와 중앙사고수습본부(이하 '중수본'이라 한다)를 설치·운영하지 않은 부분

(가) 국민의 생명·신체의 안전을 보호하기 위하여 중대본과 중수본의 설치 근거를 마련하고 있는 재난안전법의 취지, 재난안전법과 동법 시행령상 관련 조항의 내용, 재난대응 수단 선택 시 고려 사항 등을 종합하면, 중대본과 중수본의 설치·운영 여부와 그 시기는 중앙재난안전대책본부장과 재난관리주관기관의 장이 재난의 유형과 피해 정도, 피해 확산 가능성 및 현장 상황 등 여러 요인을 종합적으로 고려하여 결정할 수 있다. 다만, 그 경우에도 중대본과 중수본의 설치·운영의 필요성과 시기에 대한 판단이 현저히 불합리한 때에는 재난안전법에 위반된 것으로 보아야 한다.

(나) 피청구인은 2022. 10. 29. 23:20경 무렵 행정안전부 재난안전비서관으로부터 카카오톡 메시지를 통해 이 사건 참사 발생 사실을 처음 보고받았다. 그러나 현장 인근에 있지 않았던 피청구인이 위 메시지에 포함된 내용에만 기초하여 피해 상황과 규모를 제대로 파악하고 재난대응 방안을 결정하기에는 한계가 있었다. 피청구인은 2022. 10. 30. 00:12경 재난안전관리본부장으로부터 행정안전부 내부 상황판단회의에서 논의된 긴급구조통제단의 재난현장 긴급구조활동 내용과 피청구인을 중심으로 신속한 구급과 치료에 만전을 기하라는 대통령 지시사항을 보고받고, 01:05경 현장지휘소에 도착하여 소방재난본부장으로부터 현장 상황을 보고받았으나, 당시에는 긴급구조가 마무리되지 않았고 여전히 재난 원인과 유형, 피해상황 및 규모가 명확히 파악되지 않아, 피청구인이 다른 대응조치에 우선하여 중대본과 중수본의 설치·운영을 쉽게 결정할 수 있었다고 보기 어렵다.

(다) 상황판단회의의 소집·운영은 피청구인이 지정하는 사람이 하는 것도 가능하고(중앙재난안전대책본부 구성 및 운영 등에 관한 규정 제8조 제1항), 피청구인의 지시로 재난안전관리본부장이 내부 상황판단회의를 주재하였으며, 이 상황판단회의 종료 후 행정안전부 사회재난대응정책과를 중심으로 이 사건 참사를 수습한다는 방침이 정해진 점을 고려하면, 피청구인이 스스로 상황판단회의를 구성하는 등의 적극적 조치 없이 중대본의 운영보다는 실질적 초동대응이 우선되어야 한다고 판단한 것이 현저히 불합리하였다고 보기 어렵다.

(라) 또한 피청구인이 이 사건 참사를 인지한 직후인 2022. 10. 29. 23:22경 군중의 눌림과 끼임 상태가 해소되어 심폐소생술의 실시 등 구조와 함께 환자 및 시신의 이송이 이루어졌으며, 피청구인이 현장지휘소에 도착하기 전까지 소방의 요청에 따라 경찰의 교통기동대, 차량 및 의무경찰 8개 중대 등이 지원되었던 점을 고려하면, 피청구인이 이 사건 참사 인지 후 곧바로 중대본과 중수본을 설치·운영하지 않아 긴급구조 및 긴급구조지원 활동이 본래의 기능을 제대로 수행할 수 없었다고 보기 어렵다.

(마) 재난발생 현황 파악, 관계기관의 대처상황 파악, 내부보고, 관계기관의 협력체계 유지 등 초동조치 단계에서 중대본과 중수본이 수행하는 역할 내지 기능이 일정 부분은 실질적으로 수행된 것으로 보인다. 또한 2022. 10. 30. 01:50경 피청구인이 국무총리 주재 긴급대책회의에 참석하여 행정안전부를 중심으로 한 수습에 관하여 보고한 점, 곧이어 02:30경 대통령이 주재하는 긴급상황점검회의에서 국무총리를 중앙대책본부장으로 한 중대본 운영이 결정된 점, 행정안전부 훈령인 '행정안전부 중앙사고수습본부 구성 및 운영 등에 관한 규정' 제14조 제1호에서 범정부 차원의 통합대응이 필요한 경우 중수본을 중대본으로 확대 운영할 수 있도록 하고 있는 점을 종합하면, 중수본에서 할 수 있었던 재난대응이 중대본 운영의 형태로 이행되었다고 볼 수 있다.

(바) 재난안전법은 긴급구조기관과 긴급구조지원기관 간 공조체제 유지를 위한 협력이 가능하도록 긴급구조통제단장에 대하여도 중앙대책본부장 및 수습본부장과 유사한 권한을 부여하고 있으므로, 중앙대책본부장 및 수습본부장의 권한 행사가 없는 경우 긴급구조에 있어 기관 상호간 협력이 불가능해진다고 볼 수는 없다.

(사) 따라서 중대본과 중수본의 설치·운영에 관한 피청구인의 판단이 현저히 불합리하여 사회적 타당성을 잃은 정도에 이르렀다고 보기는 어려우므로, 피청구인이 중대본과 중수본을 보다 신속하게 설치·운영하지 않았다 하더라도 재난안전법 제14조, 제15조의2를 직접 위반한 것으로 볼 수 없다.

(2) 그 밖의 사후 재난대응 조치 부분

(가) 재난안전법은 긴급구조기관과 긴급구조지원기관 사이의 역할 분담과 현장지휘·통제 및 협력 관계를 상세히 규정하고 있는데, 긴급구조기관 및 긴급구조지원기관의 인력·장비의 현장 배치·운용이나 현장 접근 통제, 현장 주변 교통정리 등 재난 현장에서의 긴급구조활동에 있어서는 각급 긴급구조통제단장의 현장지휘에 따르도록 규정하고 있다.

그런데 긴급구조의 현장지휘와 관련된 행정안전부장관의 권한에 대한 직접적인 규정은 없다. 정부조직법 제7조 제4항에서 각 행정기관의 장에게 '중요정책수립'에 관하여 그 소속청의 장을 직접 지휘할 수 있도록 규정하고 있으나, '행정안전부장관의 소속청장 지휘에 관한 규칙'(행정안전부령)은 중요정책사항 등의 승인 및 보고, 예산에 관한 사항, 법령 질의 등에 관한 사항만을 규정하고 있어 이를 긴급구조와 관련하여 소방청장과 경찰청장을 직접 지휘할 수 있는 근거 규정으로 삼기 어렵다.

또한 피청구인이 소방청장 직무대리로부터 '사고현장 직접 확인'을 요청받은 외에 구체적인 지원 요청을 받은 바 없고, 소방재난본부장이나 서울경찰청장으로부터 특별한 협력요청을 받은 바 없는 이상, 피청구인이 현장에서 보다 적극적·구체적인 현장지휘·감독에 나아가지 않았다는 이유로 곧바로 재난안전법 제4조 제1항, 제6조에 따른 총괄·조정의무를 이행하지 않았다고 보기 어렵다.

(나) 피청구인은 2022. 10. 29. 23:31경 중앙재난안전상황실장에게 상황 파악 및 재난안전관리본부장을 중심으로 필요한 조치 시행을 지시하였고, 중앙재난안전상황실은 소방청의 구조보고, 경찰청의 상황보고 등 현장 상황을 지속적으로 취합하는 한편, 대통령 지시사항 등을 유관기관에 전파하고 주요 조치를 상황일지에 기록하는 등 재난정보의 수집·전파, 상황관리, 초동조치 및 지휘 등에 필요한 업무를 수행하였다. 또한 2022. 10. 29. 22:20경부터 2022. 10. 30. 02:30 중대본이 운영되기 전까지 행정안전부 및 여러 지방자치단체 사이에 총 35건의 상황보고, 대응지시 등이 교신된 점을 고려하면 국가재난관리시스템(NDMS)의 구축·운영이 현저히 부실하게 이루어졌다고 보기 어렵다.

2. 국가공무원법상 성실의무 위반 여부

(1) 이 사건 참사와 같은 다중밀집사고에 대해서는 재난안전법상 재난관리주관기관이 사전에 명확하게 규정되어 있지 않을 뿐만 아니라, 제4차 국가안전관리기본계획이나 그에 따른 집행계획상 유형화된 재난의 예방·대비·대응 및 복구의 기준이 정해져 있지 않았으며, 주최자 있는 지역축제에 적용되는 안전관리계획의 수립·점검, 매뉴얼 등을 유추하여 적용할 수 있는지와 관련한 확립된 기준도 없었으므로 다른 재난의 경우와 동일한 수준의 체계적인 재난관리가 이루어질 것을 기대하기 어렵다.

(2) 피청구인에게 이 사건 참사 상황에 대한 구체적 상황 보고가 즉각적으로 이루어지지 못하여 피해 상황 인식이 늦어진 측면이 있으나, 이는 2021년에 변경된 재난 대응 체계에서 소방의 대응기준에 연동하여 운영한 후 장·차관에 대한 직접 보고가 이루어지도록 함에 따른 보고 절차상 한계도 그 영향을 미친 것으로 보인다. 피청구인이 이 사건 참사 현장으로 이동하는 과정에서 관계기관의 보고를 받고 지시 및 협력요청을 계속하였던 이상, 피청구인의 재난대응 방식이 정부의 정책과 행정에 대한 공적 신뢰를 현저히 해할 정도로 직무를 불성실하게 수행하였다거나 유기한 경우에 해당한다고 평가하기는 어렵다.

3. 헌법상 기본권 보호의무 위반 여부

(1) 피청구인에 대한 재난상황 관련 보고, 피청구인의 지시 내용, 전반적인 재난대응 과정을 종합하여 볼 때, 재난대응기구로서 중대본 및 중수본의 설치·운영에 관한 피청구인의 판단이 현저히 불합리하였다고 보기 어렵고, 국민의 생명·신체의 안전을 보호하기 위한 조치가 필요한 상황이었음에도 피청구인이 아무런 보호조치를 취하지 않거나, 적절하고 효율적인 보호조치가 분명히 존재하는 상황에서 피청구인이 이를 이행하지 않은 것이 명백한 경우에 해당한다고 볼 수 없다.

(2) 재난지역에 대한 국고보조 등의 지원에 관한 사항을 규정한 재난안전법 제66조에 따른 재난의 복구, 피해자에 대한 상담활동 지원은 국가와 지방자치단체 모두 그 지원의 주체가 될 수 있으며, 이 사건 참사 다음날 대통령은 서울특별시 용산구를 특별재난지역으로 선포하고 이 사건 참사 중대본은 사망자 장례비 및 유족과 부상자에 대한 구호금, 정부합동분향소 설치 등 조치를 발표하였고, 2022. 11. 30. 행정안전부에서 '유가족 협의회' 등 지원을 위한 '행안부 지원단' 설치를 발표한 점 등을 고려하면, 피청구인의 사후 대응이 국민의 기본권 보호의무 위반으로 평가할 정도에 이르렀다고 보기 어렵다.

4. 소결

이 사건 참사의 경과나 피해 규모 등에 비추어 피청구인이 이 사건 참사 발생을 인지한 후 피해를 최소화할 수 있는 최선의 조치를 하였다고 보기는 어렵고, 재난대응에 관한 국민의 기대에 부응하지 못하였다고 볼 여지는 있다. 그러나 규범적 심판절차인 탄핵심판절차의 판단기준이 되는 헌법과 법률의 관점에서 보았을 때, 피청구인이 행한 재난대응의 적절성 평가와는 별개로, 이 사건 참사 발생 이후 피청구인이 행한 사후 재난대응 조치가 재해의 위험으로부터 국민을 보호하기 위하여 노력하여야 할 국가의 의무를 규정한 헌법 제34조 제6항, 이를 구체화한 재난안전법 제4조 제1항, 제6조, 제14조, 제15조, 제15조의2, 제18조, 제74조를 위반하였다고 보기는 어렵고, 나아가 국민의 기본권 보호의무의 근거가 되는 헌법 제10조, 공무원의 성실의무에 관한 헌법 제7조 제1항, 국가공무원법 제56조를 위반하였다고 볼 수 없다.

Ⅴ. 피청구인의 사후 발언에 관한 판단

1. 이 사건 참사 원인에 관한 발언 부분

(1) 피청구인은 '당일에 사람이 몰릴 것으로 예상이 됐었는데 이번 주말에 현장에 소방이나 경찰이 배치됐는지'에 관한 취재진의 질문에 '그전과 비교했을 때 특별히 우려할 정도로 많은 인파가 모였던 것은 아니고, 경찰이나 소방 인력을 미리 배치함으로써 해결될 수 있었던 문제는 아니었다'는 취지로 말하였다.

이는 사후에 확인된 객관적 사실에 부합하지 않으며, 경찰이나 소방의 인력 배치가 신속한 구조조치 등 효과적인 사고 예방 및 수습조치가 될 수 있는 점을 고려할 때 충분한 주의를 다하여 발언한 것으로 보기 어렵고, 전체적으로 국민의 오해를 불러일으킬 여지가 있는 것으로서 부적절하다.

(2) 다만, 발언 시점이 이 사건 참사 발생 다음 날로 참사 현장의 인구밀집도 등에 관하여 정확한 정보를 수집·파악하기는 시간적 한계가 있었고, 이 사건 참사의 원인이나 경과를 왜곡할 의도가 있었다고 보기 어려우며, 신속한 정보제공에 무게를 두다 경솔한 발언에 이르렀다고 볼 여지가 없지 않고, 다음 날 설명자료를 배포하여 유감을 표시하고 유사한 발언을 더 이상 하지 않았던 점을 고려하면, 위 발언으로 인해 재난 및 안전관리 업무에 관한 국민의 신뢰가 현저히 실추되었다거나 파면을 정당화할 정도로 재난 및 안전관리 행정의 기능이 훼손되었다고 보기 어렵다.

2. 골든타임에 관한 발언 부분

(1) 피청구인의 '이 시간은 골든타임이 지난 시간이었다'는 발언은, 피청구인이 이 사건 참사 발생을 인지하기 전 또는 이 사건 참사 현장에 도착하기 전에 이미 인명 구조가 가능한 시간이 지난 상태였다는 의미로 이해될 여지가 있다.

피청구인이 이 사건 참사 발생을 인지한 때는 현장에서 피해자들의 눌림과 끼임이 해소될 무렵으로 구조가 본격화되는 때였고, 사망자들의 정확한 사망시각이나 생존자들의 개별 구조 시점을 현재까지도 명확히 특정하기 어려운 점, 피청구인이 이 사건 참사 현장에 도착한 때는 아직 중증환자 이송이 계속되고 있던 시점이었던 점 등을 고려할 때, 인명을 구조할 수 있는 시간이 지났다는 취지의 피청구인의 발언은 객관적 사실에 부합하는지 혹은 객관적으로 증명될 수 있는 것이었는지 의문이며, 피청구인의 위 발언이 부적절하였다는 점은 분명하다.

(2) 다만, 위 발언은 피청구인의 이 사건 참사 현장 이동이 늦어진 점을 질책하는 국정조사 위원의 질문에 답변하는 과정에서 이루어진 것으로 참사의 경과를 왜곡할 의도였다고 보기 어렵고, 위 발언 전에 국정조사 위원이 다른 증인에게 '이번 참사의 골든타임이 언제인가', '특수본에서 11시 내외라고 생각을 한다'는 취지로 질문한 사실이 있었던 점도 고려되어야 하며, 문제된 발언 후 국정조사 위원의 지적을 받고 즉시 사과하고 유사한 취지의 발언을 다시 한 바 없다.

3. 그 밖의 발언 부분

(1) 이 사건 참사와 관련한 재난관리주관기관의 존재 및 지정 여부에 관한 발언은 다소 정돈되지 못한 것으로 보이나, 재난안전법령상 재난관리주관기관 지정절차가 별도로 존재하지 않고, 피청구인은 2022. 10. 30. 01:50 경 국무총리 주재 긴급대책회의에서 이 사건 참사를 '행정안전부를 중심으로 수습하겠다'고 보고하였으며, 행정안전부는 재난관리주관기관에 관한 피청구인의 발언을 전후하여 실질적으로 재난관리주관기관의 업무를 수행한 점을 고려하면, 기억에 반하는 진술을 하였다거나 행정안전부장관의 역할을 이해하지 못하고 책임을 회피하려 한 것이라고 보기 어렵다.

(2) 이 사건 참사의 사고수습을 위한 중대본 설치는 촌각을 다투는 문제가 아니라는 취지의 발언은, 현장에서의 응급조치·구조가 중요함을 강조하고, 행정안전부가 재난관리주관기관으로서 중대본을 설치하는 다수 자연재난 사례에서 중수본을 따로 구성하지 않고 중대본을 구성한 바가 있다는 취지 등을 설명한 것으로, 행정안전부장관의 역할을 이해하지 못하고 책임을 회피하려 한 취지로 보기 어렵다.

(3) 압사, 피해자 등 용어를 쓰지 말자고 누가 제안했는지 기억이 나지 않는다는 발언은 용어 사용의 지시에 관하여 확인해보겠다거나 기억이 나지 않는다는 취지여서 스스로 체험한 사실을 기억에 반하여 진술한 것으로 보이지 않는다.

(4) 유족 명단에 관한 발언의 전체적인 취지는 '예산결산특별위원회 회의 이전에는 행정안전부가 위 현황 파일을 가지고 있는 것을 몰랐고, 위 회의 후 위 현황 파일의 보유 사실을 알았으나, 위 현황 파일은 유족 명단이 아니라는 주관적 판단을 하였으며, 비서진과의 의사소통 오류로 서울특별시가 유족 명단을 행정안전부에 제공하지 않은 것으로 오인했다'는 것으로 보인다.

위 발언은 예산결산특별위원회 회의에서의 발언이 사실에 부합하지 않고, 사고 직후 유족 명단을 확보하지 못한 점이 문제라는 질타를 받는 가운데 이루어진 것으로 일부 불분명한 점이 있으나, 발언 경과와 행정안전부의 사망자 현황 내지 유족 명단 확보 과정을 구체적으로 설명하는 취지로, 스스로 체험한 사실을 기억에 반하여 진술한 것이라거나 행정안전부장관의 유족 지원에 관한 책임을 회피하기 위한 것이라고 보기 어렵다.

4. 소결

피청구인의 표현행위가 품위손상행위로서 탄핵사유에 해당하는지 여부의 판단에는 문제된 발언의 통상적 의미, 용법, 문제된 발언 등이 사용된 문맥과 표현의 전(全)취지, 표현의 대상과 상대방, 표현의 경위와 사회적 맥락 등이 종합적으로 고려되어야 한다.

피청구인의 이 사건 참사원인 및 골든타임에 관한 발언 중 몇몇 부분은 피청구인에게 기대되는 충분한 주의를 다한 것이라고 볼 수 없고, 내용상 부적절한 것임은 앞서 살핀 바와 같다. 그러나 문제되는 발언 부분의 전후에 이루어진 피청구인이나 관계인의 발언을 포함하여 표현의 전체 취지를 살펴보면 피청구인이 이 사건 참사의 원인이나 경과를 적극적으로 왜곡하려 한 것이라고 보기 어렵다. 또한 위 발언들은 국민에 대한 신속한 정보제공을 목적으로 하는 취재기자 또는 국민을 대표하는 국회의원이자 국정조사 위원의 질문에 대한 수동적 답변으로서, 답변의 책임이 있는 반면 시간적 제한 등으로 충분한 설명이 어려운 한계 속에 이루어졌다. 피청구인은 비교적 빠른 시간 내에 위 발언들의 부적절함을 인식하고 유감을 표시하며 사과하였다. 이를 종합하면, 피청구인의 위 발언들로 인하여 재난 및 안전관리 업무에 관한 국민의 신뢰가 현저히 실추되었다거나 파면을 정당화할 정도로 재난 및 안전관리 행정의 기능이 훼손되었다고 단정하기 어렵다.

그 밖의 사후 발언을 모두 종합하여 보더라도, 이 사건 참사 발생 이후 피청구인의 발언에 관하여 탄핵사유는 인정되지 아니한다.

Ⅵ. 결론

1. 피청구인은 재난 및 안전에 관한 정책의 수립·총괄·조정을 관장하는 행정안전부의 장이므로 국민이 안전을 보장받아야 할 일상적이고 개방된 공간에서 발생한 사회재난과 그에 따른 인명 피해의 책임에서 자유로울 수

없다. 피청구인은 행정안전부장관으로서 대규모 재난의 대응과 관련한 비판을 겸허히 수용하고 이 사건 참사의 예방 및 대비, 사후 대응 과정에서의 미흡함을 반성하여 정부의 재난대응 역량을 보다 강화하고 전반적인 재난대응체제의 개선이 이루어질 수 있도록 최선의 노력을 다하여야 할 책무를 부담한다.

나아가 이 사건 참사로 피해자와 유족이 겪는 고통과 슬픔을 함께 나누고, 진정한 회복을 위한 지원이 이루어질 수 있도록 노력하여야 한다는 점은 "우리들과 우리들의 자손의 안전과 자유와 행복을 영원히 확보할 것을 다짐"한 우리 헌법 전문과 인간다운 생활을 할 권리를 보장하고 국가의 재해 예방 및 그 위험으로부터 국민을 보호하기 위한 노력의무를 규정한 헌법 제34조 제1항, 제6항에 따른 국가기관의 당연한 의무이다.

2. 돌이켜 보건대, 이 사건 참사는 어느 하나의 원인이나 특정인에 의해 발생하고 확대된 것이 아니다. 종래 재난안전법령상 주최자 없는 축제의 안전관리 및 매뉴얼의 명확한 근거규정이 마련되지 않았고, 각 정부기관이 대규모 재난에 대한 통합 대응역량을 기르지 못했으며, 재난상황에서의 행동요령 등에 관한 충분한 홍보나 교육, 안내가 부족하였던 점이 총체적으로 작용한 결과이므로, 규범적 측면에서 그 책임을 피청구인에게 돌리기는 어렵다. 탄핵심판절차는 공직자의 직무수행에 대한 법적 책임을 추궁함으로써 헌법의 규범력을 확보하는 데 본래의 목적과 기능이 있으므로, 피청구인이 재난관리 주무부처의 장인 행정안전부장관으로서 재난대응 과정에서 최적의 판단과 대응을 하지 못하였다 하더라도, 재난대응의 미흡함을 이유로 그 책임을 묻는 것은 규범적 심판절차인 탄핵심판절차의 본질에 부합한다고 볼 수 없다.

3. 따라서 헌법과 법률의 관점에서 피청구인이 재난대응기구의 설치·운영 및 재난관리 총괄·조정 등에 관한 재난안전법과 공무원의 성실의무 등을 규정한 국가공무원법을 위반하였다거나, 국민의 기본권을 보호해야 할 헌법상 의무를 위반한 것으로 보기는 어렵다.

그렇다면 이 사건 심판청구는 이유 없으므로 이를 기각하기로 하여, 주문과 같이 결정한다. 이 결정에는 재판관 김기영, 재판관 문형배, 재판관 이미선의 별개의견과 재판관 정정미의 별개의견이 있다.

결정의 의의

이 사건은 우리 헌정사 최초의 '행정안전부장관(행정각부의 장이자 국무위원)에 대한 탄핵심판청구' 사건이자, 대통령(2인)과 법관 탄핵에 이은 4번째 탄핵심판청구 사건이다.

피청구인은 재난 및 안전에 관한 정책의 수립·총괄·조정을 관장하는 행정안전부의 장으로, 다중밀집으로 인한 인명피해사고인 이 사건 참사와 관련하여 사전 예방·대비, 사후 재난대응 조치 및 관련 발언을 함에 있어 헌법과 법률을 위반하였는지가 문제되었다.

헌법재판소 전원재판부는 이 사건 탄핵심판청구를 기각하는 데 의견이 일치하였으나, 그 이유에 있어서는 3가지로 나뉘었다. 각 의견은 위법성 판단을 달리하였으나, 기각 결론에서는 의견이 일치한다.

[법정의견] 피청구인이 재난관리 주무부처의 장으로서 재난대응 과정에서 최적의 판단과 대응을 하지 못하였다 하더라도, 헌법과 법률의 관점에서 보았을 때 재난대응기구의 설치·운영 및 재난관리 총괄·조정 등에 관한 재난안전법, 공무원의 성실의무 등을 규정한 국가공무원법, 국민의 기본권 보호에 관한 헌법 규정을 위반한 것으로 보기는 어렵다고 보아 탄핵심판청구를 '기각'하였다.

[이에 대한 재판관 3인(재판관 김기영, 문형배, 이미선)의 별개의견] 피청구인의 사후대응이 국가공무원법상 성실의무를 위반하였고, 피청구인의 참사원인, 골든타임에 관한 발언 및 재난관리주관기관에 관한 일부 사후 발언이 국가공무원법상 품위유지의무를 위반하였으나, 파면을 정당화하는 사유가 존재하지는 않는다고 보아(기각) 법정의견과 이유를 달리 하였다. 또한 [재판관 1인(재판관 정정미)의 별개의견]은, 피청구인의 참사원인, 골든타임에 관한 발언 및 재난관리주관기관에 관한 일부 사후 발언이 품위유지의무에 위반되나 법 위반 행위가 중대하여 파면을 정당화하는 사유로는 볼 수 없어(기각) 법정의견과 이유를 달리하였다.

별개의견(5인) - 유남석, 이은애, 이종석, 이영진, 김희두 [기각]	
사전 예방조치	재해를 예방하기 위하여 노력하여야 할 국가의 의무를 규정한 헌법 제34조 제6항, 이를 구체화하여 재난 예방 등에 관하여 규정한 재난안전법 제4조 제1항, 제6조, 제22조, 제23조, 제25조의2, 제34조의8, 재난안전 통신망법 제7조, 제8조를 위반하였다고 보기 어렵고, 국민의 기본권 보호의무의 근거가 되는 헌법 제10조, 공무원의 성실의무에 관한 헌법 제7조 제1항, 국가공무원법 제56조를 위반하였다고 볼 수 없음.
사후 재난대응	재해의 위험으로부터 국민을 보호하기 위하여 노력하여야 할 국가의 의무를 규정한 헌법 제34조 제6항, 이를 구체화하여 재난 및 안전관리 업무의 총괄 · 조정, 중앙재난안전대책본부(중대본) 및 중앙사고 수습본부(중수본)의 설치 · 운영, 중앙재난안전상황실 설치 · 운영 등에 대하여 규정한 재난안전법 제4조 제1항, 제6조, 제14조, 제15조, 제15조의2, 제18조, 제74조를 위반하였다고 보기 어렵고, 국민의 기본권 보호의무의 근거가 되는 헌법 제10조, 공무원의 성실의무에 관한 법 제7조 제1항, 국가공무원법 제56조를 위반하였다고 볼 수 없음.
사후발언	이 사건 참사원인 및 골든타임에 관한 발언은 부적절하나, 발언의 전취지, 표현의 상대방, 경위 등을 종합적으로 고려하면 재난 및 안전관리에 관한 국민의 신뢰가 현저히 실추되었다거나 파면을 정당화할 정도로 관련 기능이 훼손되었다고 보기 어려움. 그 밖에 재난관리주관기관, 중대본 및 중수본 설치 · 운영, 압사 · 피해자 등 용어사용, 유족 명단에 관한 피청구인의 발언은 기억에 반하거나 책임을 회피하기 위한 발언으로 보기 어려움. 이를 종합하면, 사후 발언에 관해 탄핵사유가 인정되지 않음.
별개의견(3인) - 김기영, 문형배, 이미선 [기각]	
사전 예방조치	법정의견과 같음
사후 재난대응	국가공무원법상 성실의무 위반에 해당함. 그 밖에 헌법상 기본권 보호의무 및 재난안전법상 개별 · 구체적 의무 위반여부에 대해서는 법정의견과 같음
사후발언	참사원인, 골든타임에 관한 발언 및 재난관리주관기관에 관한 일부 발언은 국가공무원법상 품위유지의무 위반
파면을 정당화하는 사유	법 위반행위가 중대하여 파면을 정당화한다고 보기 어려움
별개의견(1인) - 정정미 [기각]	
사전 예방조치	법정의견과 같음
사후 재난대응	법정의견과 같음
사후발언	참사원인, 골든타임에 관한 발언 및 재난관리주관기관에 관한 일부 발언은 국가공무원법상 품위유지의무 위반
파면을 정당화하는 사유	법 위반행위가 중대하여 파면을 정당화한다고 보기 어려움

제2편

요약판례

01 도서정가제 사건

(2023.7.20. 2020헌마104 [출판문화산업 진흥법 제22조 제4항 등 위헌확인]) **[기각]**

Ⅰ. 판시사항

간행물 판매자에게 정가 판매 의무를 부과하고, 가격할인의 범위를 가격할인과 경제상의 이익을 합하여 정가의 15퍼센트 이하로 제한하는 출판문화산업 진흥법 제22조 제4항, 제5항(이하 합하여 '이 사건 심판대상조항'이라 한다) 이 과잉금지원칙에 위배되어 청구인의 직업의 자유를 침해하는지(소극)

Ⅱ. 결정요지

종이출판물 시장에서 자본력, 협상력 등의 차이를 그대로 방임할 경우 지역서점과 중소형출판사 등이 현저히 위축되거나 도태될 개연성이 매우 높고 이는 우리 사회 전체의 문화적 다양성 축소로 이어지므로 가격할인 등을 제한하는 입법자의 판단은 합리적일 뿐만 아니라 필요하다고 인정된다. 반면 신간도서에 대하여만, 또는 대형서점 서점에게만 가격할인 등에 관한 제한을 부과하는 것은 실효적인 대안이라고 보기 어렵다.

한편 전자출판물의 경우 종이출판물과 구분되는 특성이 있는 것은 사실이나, 양자는 상호보완적인 관계에 있는데, 전자출판물에 대해서만 이 사건 심판대상조항을 적용하지 않을 경우 종이출판산업이 쇠퇴하고 그로 인하여 양자의 상호보완적 관계가 더 이상 유지되기 어렵게 될 우려가 있다. 또한 전자출판물 시장에서도 소수의 대형플랫폼이 경제력을 남용하는 것을 방지함으로써 문화적 다양성을 보존할 필요성이 충분히 인정된다.

지식문화 상품인 간행물에 관한 소비자의 후생이 단순히 저렴한 가격에 상품을 구입함으로써 얻는 경제적 이득에만 한정되지는 않고 다양한 관점의 간행물을 선택할 권리 및 간행물을 선택함에 있어 필요한 지식 및 정보를 용이하게 제공받을 권리도 포괄하므로, 이 사건 심판대상조항으로 인하여 전체적인 소비자후생이 제한되는 정도는 크지 않다.

따라서 이 사건 심판대상조항은 과잉금지원칙에 위배되어 청구인의 직업의 자유를 침해한다고 할 수 없다.

결정의 의의

이 결정은 이른바 도서정가제를 정한 출판법 규정이 간행물 판매자의 기본권을 침해하는지 여부에 관하여 판단한 첫 사례이다.

헌법재판소는 출판문화산업에서 존재하고 있는 자본력, 협상력 등의 차이를 간과하고 이를 그대로 방임할 경우 우리 사회 전체의 문화적 다양성 축소로 이어지게 되고, 지식문화 상품인 간행물에 관한 소비자의 후생이 단순히 저렴한 가격에 상품을 구입함으로써 얻는 경제적 이득에만 한정되지는 않는 점 등에 비추어 이 사건 심판대상조항이 청구인의 직업의 자유를 침해하지 않는다고 판단하였다.

준연동형 비례대표제 사건

(2023.7.20. 2019헌마1443 [공직선거법 제189조 제2항 등 위헌확인]) **[기각, 각하]**

Ⅰ. 판시사항

1. 국회의원의 의원정수를 규정한 공직선거법 제21조 제1항(이하 '이 사건 의원정수조항'이라 한다)에 대한 심판청구가 청구기간을 준수하였는지 여부(소극)

2. 2020. 4. 15. 실시하는 제21대 비례대표국회의원선거에 관한 특례를 규정한 공직선거법 부칙 제4조(이하 '이 사건 특례조항'이라 한다)에 대한 심판청구가 심판의 이익이 인정되는지 여부(소극)

3. 준연동형 비례대표제를 규정한 공직선거법 제189조 제2항(이하 '이 사건 의석배분조항'이라 한다)이 직접선거원칙에 위배되는지 여부(소극)

4. 이 사건 의석배분조항이 평등선거원칙에 위배되는지 여부(소극)

Ⅱ. 결정요지

1. 청구인들은 늦어도 제21대 국회의원선거가 실시되었던 2020. 4. 15. 이 사건 의원정수조항의 내용을 알았다 할 것이므로, 안 날로부터 90일이 경과하여 제기된 이 사건 의원정수조항에 대한 심판청구는 청구기간을 도과하였다.

2. 이 사건 특례조항은 2020. 4. 15. 실시된 제21대 국회의원선거에만 적용되는 조항이고, 제21대 국회의원선거는 이미 종료하여 당선자도 결정되었으므로, 헌법재판소가 이 사건 특례조항을 위헌으로 결정한다 하더라도 청구인들의 권리가 구제되기 어렵다. 또한, 이 사건 특례조항은 제21대 국회의원선거에만 적용되므로 반복침해가능성도 인정되지 않는다. 따라서 이 사건 특례조항에 대한 심판청구는 심판의 이익이 인정되지 않는다.

3. 이 사건 의석배분조항은 선거권자의 정당투표결과가 비례대표의원의 의석으로 전환되는 방법을 확정하고 있고, 선거권자의 투표 이후에 의석배분방법을 변경하는 것과 같은 사후개입을 허용하고 있지 않다. 따라서 이 사건 의석배분조항은 직접선거원칙에 위배되지 않는다.

4. 대의제민주주의에 있어서 선거제도는 정치적 안정의 요청이나 나라마다의 정치적·사회적·역사적 상황 등을 고려하여 각기 그 나라의 실정에 맞도록 결정되는 것이고 거기에 논리 필연적으로 요청되는 일정한 형태가 있는 것은 아니다. 소선거구 다수대표제나 비례대표제 등 어느 특정한 선거제도가 다른 선거제도와 비교하여 반드시 우월하거나 열등하다고 단정할 수 없다.

이 사건 의석배분조항은 지역구의석과 비례대표의석을 연동하여 정당의 득표율에 비례한 의석배분이 이루어지도록 하고 있다. 다만, 지역구의석과 비례대표의석의 연동률을 50%로 제한하고, 초과의석이 발생한 정당에게도 잔여의석이 배분될 수 있도록 하고 있으나, 이는 우리나라의 정치·사회적 상황을 고려하여 국회의원정수를 늘리거나 지역구의석을 줄이지 않는 범위 내에서 기존의 병립형 제도보다 선거의 비례성을 향상시키기 위한 것이다. 또한 이 사건 의석배분조항은 위성정당 창당과 같은 지역구의석과 비례대표의석의 연동을 차단시키기 위한 선거전략을 통제하는 제도를 마련하고 있지 않으나, 이 사건 의석배분조항이 개정 전 공직선거법상의 병립형 선거제도보다 선거의 비례성을 향상시키고 있고, 이러한 방법이 헌법상 선거원칙에 명백히 위반된다는 사정이 발견되지 않으므로, 정당의 투표전략으로 인하여 실제 선거에서 양당체제를 고착화시키는 결과를 초래하였다는 이유만으로, 이 사건 의석배분조항이 투표가치를 왜곡하거나 선거의 대표성의 본질을 침해할 정도로 현저히 비합리적인 입법이라고 보기는 어렵다. 따라서 이 사건 의석배분조항은 평등선거원칙에 위배되지 않는다.

헌법재판소는 헌재 2003. 11. 27. 2003헌마259등 결정과 헌재 2016. 5. 26. 2012헌마374 결정에서 이미 소선거구 상대 다수대표제를 규정하고 있던 구 '공직선거및선거부정방지법' 조항과 구 공직선거법 조항에 대하여, 보통, 평등, 직접, 비밀, 자유선거라는 헌법상의 선거원칙을 모두 구현한 이상, 소선거구 다수대표제를 규정하여 다수의 사표가 발생한다 하더라고 그 이유만으로 헌법상 요구된 선거의 대표성의 본질을 침해한다거나 그로 인해 국민주권원리를 침해하고 있다고 할 수 없고, 청구인의 평등권과 선거권을 침해한다고 할 수 없다고 판시한 바 있다(헌재 2003.11.27. 2003헌마259등; 헌재 2016.5.26. 2012헌마374 참조).

헌법재판소는 선거제도의 형성에 관해서는 헌법 제41조 제1항에 명시된 보통·평등·직접·비밀선거의 원칙과 자유선거 등 국민의 선거권이 부당하게 제한되지 않는 한, 소선거구 다수대표제나 비례대표제 등 어느 특정한 선거제도가 다른 선거제도와 비교하여 반드시 우월하거나 열등하다고 단정할 수 없고, 입법자의 광범위한 형성재량이 인정된다고 보고 있는데, 이 사건에서도 그러한 입장을 전제로 국회의원선거 사상 처음으로 도입된 준연동형 비례대표제를 규정한 공직선거법 제189조 제2항에 대하여 판단을 하였고, 전원일치의 의견으로 기각결정을 내렸다.

03 장애인 편의시설 미설치 사건

(2023.7.20. 2019헌마709 [장애인 편의시설 설치 부작위 위헌확인]) **[각하]**

Ⅰ. 판시사항

1. 서울고등법원, 청주지방검찰청 충주지청, 서울광역수사대 마약수사계, 서울서초경찰서, 서울구치소, 인천구치소에 장애인전용 주차구역, 장애인용 승강기 또는 화장실을 설치하지 아니한 부작위에 대한 심판청구가 보충성 요건을 갖추었는지 여부(소극)
2. 보건복지부장관이 위 대상시설에 대한 편의시설의 설치 · 운영에 관한 업무를 총괄하지 아니한 부작위에 대한 심판청구가 헌법소원의 대상이 되는 공권력의 불행사에 대한 헌법소원인지 여부(소극)

Ⅱ. 결정요지

1. '장애인차별금지 및 권리구제 등에 관한 법률'(이하 '장애인차별금지법'이라 한다) 제48조 제2항에 따르면, 법원은 피해자의 청구에 따라 차별적 행위의 중지, 임금 등 근로조건의 개선, 그 시정을 위한 적극적 조치 등의 판결을 할 수 있고, 장애인차별금지법 제18조 제1항, 제3항, 제4항, 제26조 제1항, 제4항, 제8항 등 관련 법령의 규정을 종합하면, 이 사건에서 문제된 시설물을 이용하는 장애인은 장애인전용 주차구역, 장애인용 승강기 또는 화장실 등 정당한 편의의 미제공과 관련하여 장애인차별금지법에 따른 차별행위가 존재하는지 여부에 대한 판단과 그러한 차별행위가 존재할 경우에 이를 시정하는 적극적 조치의 이행을 청구하기 위하여 법원의 판결을 구할 수 있다. 그런데 이 사건 기록을 살펴보면 청구인이 위와 같은 구제절차를 거쳤다고 볼 만한 자료가 발견되지 아니하므로, 이 부분 심판청구는 보충성 요건을 흠결하여 부적법하다.
2. 헌법상 명문 규정이나 헌법의 해석으로부터 청구인의 주장과 같이 보건복지부장관이 이 사건에서 문제된 해당 공공기관에 장애인전용 주차구역, 장애인용 승강기 및 화장실을 설치하도록 할 작위의무가 도출된다고 보기 어렵고, '장애인 · 노인 · 임산부 등의 편의증진 보장에 관한 법률' 등 규정을 살펴보더라도 위 대상시설에 대한 시정조치 요청 행위는 재량행위로 보건복지부장관이 해당 시설의 규모나 상태, 안전성 등을 종합적으로 고려하여 판단할 사안에 해당하여 보건복지부장관으로 하여금 위 공공기관들에게 장애인전용 주차구역이나 장애인용 승강기 등을 설치하거나 시정조치를 하도록 요청할 구체적 작위의무를 도출하기 어렵다. 따라서 이 부분 심판청구는 작위의무 없는 공권력의 불행사에 대한 헌법소원이어서 부적법하다.

결정의 의의

법원, 검찰청, 구치소 등에서 장애인전용 주차구역, 장애인용 승강기 또는 화장실을 설치하지 아니한 부작위에 대해서는 장애인이 장애인차별금지법령에 따라 법원에 적극적 조치 판결을 구할 수 있고, 이러한 구제절차를 거치지 아니한 헌법소원심판청구는 보충성 요건을 갖추지 못하였다고 본 사안이다.

04 신규성 상실의 예외를 제한하는 디자인보호법 조항 사건

(2023.7.20. 2020헌바497 [디자인보호법 제36조 제1항 단서 위헌소원]) **[합헌]**

Ⅰ. 판시사항

1. 법률에 따라 국내에서 출원공개된 경우 신규성 상실의 예외를 제한하는 디자인보호법 제36조 제1항 단서 중 '법률에 따라 국내에서 출원공개된 경우'에 관한 부분(이하 '심판대상조항'이라 한다)이 입법형성권의 한계를 일탈 하였는지 여부(소극)

2. 심판대상조항이 재산권을 제한하는지 여부(소극)

Ⅱ. 결정요지

1. 심판대상조항은 신규성 상실의 예외가 인정되지 않는 경우로서 디자인이 법률에 따라 국내에서 출원공개된 경 우를 규정한다. 이는 디자인 개발 후 사업준비 등으로 미처 출원하지 못한 디자인에 대하여 출원의 기회를 부 여하는 신규성 상실 예외 제도의 취지를 고려할 때, 이미 출원되어 공개된 디자인은 재출원의 기회를 부여하 지 않아도 출원인에게 불이익이 없고 재출원의 기회를 부여할 필요도 없기 때문이다. 특히 일반에 공개된 디 자인은 공공의 영역에 놓인 것으로서 원칙적으로 누구나 자유롭게 이용할 수 있어야 한다는 점을 고려하면, 이미 출원공개된 디자인에 대하여 신규성 상실의 예외를 인정하지 않는 것에 합리적 이유가 없다고 볼 수 없 다. 또한 디자인보호법상 디자인권의 효력, 관련디자인제도 등을 고려할 때 법률에 따라 국내에서 출원공개된 경우 신규성 상실의 예외를 인정하지 않는다고 하더라도 디자인 등록 출원인에게 가혹한 결과를 초래한다고 볼 수 없다. 그러므로 심판대상조항은 입법형성권의 한계를 일탈하였다고 보기 어렵다.

2. 디자인보호법상의 요건을 갖춰 등록을 마친 디자인권은 재산권에 포함되나, 청구인은 디자인등록을 마친 독 점배타적인 디자인권을 취득한 사실이 없다. 그렇다면 심판대상조항은 청구인의 재산권을 제한하지 아니한다.

결정의 의의

디자인보호제도는 창작한 디자인을 비밀로 유지하지 않고 공개한 자에게 그 공개의 대가로 일정 기간 동안 독점권을 부여하는 제도인바, 이미 사회 일반에 공개되어 공중이 자유롭게 이용할 수 있는 디자인에 대하여 특정인에게 독점권을 부여한다면 '디자인의 보호와 이용을 도모함으로써 디자인의 창작을 장려하여 산업발 전에 이바지한다'는 디자인보호법의 본래 목적(제1조 참조)에 반하게 되므로, 디자인보호법은 디자인등록의 요건으로 신규성, 창작비용이성을 요구하는 것이다.

한편, 디자인보호법은 진정한 창작자에게 출원기회를 보장하기 위하여 신규성 상실의 예외를 인정하고 있으 나, 디자인등록 출원을 한 후 법률에 따라 출원공개한 출원인은 그러한 보호를 할 필요가 없고 신규성 상실 의 예외를 인정하지 않는다고 하더라도 가혹한 결과를 초래한다고 볼 수도 없으므로, 헌법재판소는 심판대 상조항이 헌법에 위반되지 않는다고 판단하였다.

05 사립학교 교비회계 전용 금지 사건

(2023.8.31. 2021헌바180 [구 사립학교법 제73조의2 등 위헌소원]) **[합헌]**

Ⅰ. 판시사항

1. 구 사립학교법 제29조 제2항 중 '교비회계의 세입·세출에 관한 사항은 대통령령으로 정하되' 부분(이하 '이 사건 위임조항'이라 한다)이 포괄위임금지원칙에 위반되는지 여부(소극)

2. 교비회계의 전용을 금지하는 구 사립학교법 제29조 제6항 본문(이하 '이 사건 금지조항'이라 한다) 및 교비회계 전용 금지 규정을 위반하는 경우 처벌하는 구 사립학교법 제73조의2(이하 '이 사건 처벌조항'이라 한다)가 사립학교 운영의 자유를 침해하는지 여부(소극)

Ⅱ. 결정요지

1. '교비회계의 세입'과 '교비회계의 세출' 항목은 기술적이고 세부적인 특성을 가지고 있어 그와 관련된 사항을 하위법령에서 정하도록 위임할 필요성이 인정되고, 이 사건 위임조항에서 위임하고 있는 '교비회계의 세입' 항목은 등록금이나 기부금, 학교시설 대여료나 이자수익 등과 같이 학생으로부터 징수하는 각종 금원과 학교시설이나 재산으로부터 발생하는 수익 등이 될 것이고, '교비회계의 세출' 항목은 학교의 운영이나 교육과 관련하여 지출하는 비용 등이 됨을 충분히 예측할 수 있다는 점에서, 이 사건 위임조항은 포괄위임금지원칙에 위반되지 아니한다.

2. 이 사건 금지조항과 처벌조항은, 사립학교의 '교비회계에 속하는 수입 및 재산'이 본래의 용도인 학교의 학문 연구와 교육 및 학교운영을 위해 사용될 수 있도록 강제함으로써 사립학교가 교육기관으로서 양질의 교육을 제공하는 동시에 교육의 공공성을 지킬 수 있는 재정적 기초를 보호하고 있다. 우리나라에서 사립학교가 공교육에서 차지하는 비중은 매우 높은바, 교비회계에 속하는 수입 및 재산의 전용을 금지하고 그 위반시 처벌하는 강력한 제재는 사립학교의 발전을 이루기 위해 반드시 필요한 조치이다. 사립학교법은 교비회계에 속하는 수입이나 재산을 다른 회계에 전출하거나 대여할 수 있는 예외적인 경우를 규정하고 있으며, 법원은 구체적인 개별 사안에서 그 지출이 당해 학교의 교육에 직접 필요한 경비인지 여부를 결정함으로써 구체적인 타당성을 도모하고 있는 점 등을 종합하면, 이 사건 위임조항과 처벌조항은 사립학교 운영의 자유를 침해한다고 할 수 없다.

결정의 의의

이 사건은, 사립학교법상 교비회계의 세입세출에 관한 사항을 대통령령으로 정하도록 한 규정이 포괄위임금지원칙에 위반되지 않고, 교비회계의 다른 회계로의 전용을 금지하는 규정과 위 금지규정을 위반한 경우 처벌하는 규정이 사립학교 운영의 자유를 침해하지 않는다고 판단한 첫 결정이다.

06 전투근무수당에 관한 구 군인보수법 사건

(2023.8.31. 2020헌바594 [구 군인보수법 제17조 위헌소원]) **[합헌]**

Ⅰ. 판시사항

1. 전시·사변 등 국가비상사태에 있어서 전투에 종사하는 자에 대하여 각령(閣令)이 정하는 바에 의하여 전투근무수당을 지급하도록 한 구 군인보수법 제17조(이하 '심판대상조항'이라 한다) 중 '전시·사변 등 국가비상사태' 부분이 명확성원칙에 위반되는지 여부(소극)
2. 심판대상조항이 평등원칙에 위반되는지 여부(소극)

Ⅱ. 결정요지

1. 심판대상조항의 '전시', '사변'은 그 문언 자체로도 그 의미가 명확하고, '전시·사변 등'이라는 예시가 있는 점, 그리고 심판대상조항이 전투근무수당의 지급대상으로 '전투에 종사한 자'를 규정하고 있는 점에 비추어 '국가비상사태'는 위 전시, 사변과 같이 전투가 발생하였거나 발생할 수 있는 수준의 대한민국의 국가적인 비상사태를 의미함을 쉽게 알 수 있다. 심판대상조항 중 '전시·사변 등 국가비상사태' 부분은 명확성원칙에 위반되지 않는다.

2. 전시·사변 등 대한민국의 존립이 위태롭거나 질서를 유지하기 어려운 국가비상사태에서 국가 안전보장 또는 질서유지 등을 위하여 전투를 수행하는 군인의 사기를 높임으로써 위와 같은 국가비상사태를 극복하고자 하는 한편, 위와 같은 전투를 수행하는 군인이 부담하는 생명과 신체에 대한 상당한 위험에 대하여 보상을 하려는 심판대상조항의 입법취지, 국가비상사태에 있어서 전투에 종사하는 군인은 큰 위험에 상시적으로 노출될 가능성이 큰 점, 위 군인의 사기를 높이는 등의 방법을 통하여 전시·사변 등 국가비상사태를 조속히 극복할 필요성도 있는 점, 군인보수법령은 전시·사변 등 국가비상사태에서 전투에 종사하지 않는 군인에게도 그 군인이 수행하는 업무, 근무지, 근무형태 및 그 위험성 등을 고려하여 그에 맞는 특수근무수당을 지급하도록 하고 있는 점 등을 종합하면, 전시·사변 등 국가비상사태에 있어서 전투에 종사하는 자를 전투근무수당의 지급대상으로 한 심판대상조항은 평등원칙에 위반되지 않는다.

결정의 의의

당해 사건 법원은, 대한민국이 베트남전쟁에 참전한 군인들에게 구 군인보수법 제16조에 따라 해외파견근무수당 등을 지급한 사실이 인정되고, 위 수당 중 지급하지 아니한 부분이 있다고 볼 만한 사정이 없으며, 심판대상조항(제17조)의 '전시·사변 등 국가비상상태'는 '대한민국의 전시·사변 또는 이에 준하는 국가비상사태'로 해석되고, 베트남전쟁은 여기에 포함되지 않는다고 봄이 타당하므로, 청구인에게 심판대상조항에 근거한 전투근무수당청구권이 인정된다고 볼 수 없다고 판단하였다. 이에 청구인은 자신을 전투근무수당의 지급대상으로 규정하지 아니한 심판대상조항이 헌법에 위반된다고 주장하며 이 사건 헌법소원심판을 청구하였다.

헌법재판소는 이 결정에서 심판대상조항이 '전시·사변 등 국가비상사태에 있어서 전투에 종사하는 자'만을 전투근무수당의 지급대상자로 정한 것이 평등원칙에 위반되지 않는다고 판단하였다. 헌법재판소는 그 주요 근거로 ① 전시·사변 등 국가비상사태에 있어서 전투에 종사하는 자에 대하여 전투근무수당을 지급하여야 할 필요성, ② 전시·사변 등 국가비상사태에서 전투에 종사하지 않는 군인에게도 그 군인이 수행하는 업무, 근무지, 근무형태 및 그 위험성 등을 고려하여 그에 맞는 특수근무수당을 지급하도록 한 군인보수법령의 체계를 들었다.

한편, 같은 날 헌법재판소는 베트남전쟁 참전군인 또는 그 유족들이 구 군인보수법 제17조(이 사건 결정의 심판대상조항)에 따른 대통령령을 제정하지 아니한 부작위가 자신들의 기본권을 침해한다고 주장하며 제기한 심판청구를 모두 각하하였다(헌재 2023. 8. 31. 2022헌마17). 헌법재판소는 이 결정에서 베트남전쟁 참전군인은 특수근무수당 또는 해외파견근무수당의 지급대상에 해당할 뿐, 구 군인보수법 제17조의 '전시·사변 등 국가비상사태에 있어서 전투에 종사하는 자'로서 전투근무수당의 지급대상에 해당한다고 볼 수 없으므로, 위 사건의 청구인들은 구 군인보수법 제17조에 관한 부작위의 자기관련성이 인정되지 않는다고 보았다.

대한민국 국민인 남성에 대한 병역의무 부과 사건

(2023.9.26. 2019헌마423 [병역법 제3조 제1항 전문 등 위헌확인]) **[합헌, 기각, 각하]**

Ⅰ. 판시사항

대한민국 국민인 남성에게 병역의무를 부과한 구 병역법 제3조 제1항 전문, 병역법 제3조 제1항 전문(이하 '병역의무조항'이라 한다)의 평등권 침해 여부(소극)

Ⅱ. 결정요지

국방의 의무를 부담하는 국민 중 병역의무의 범위를 정하는 문제는, 국가의 안보상황·재정능력을 고려하여 급변하는 국내외 정세에 탄력적으로 대응하면서 국군이 최적의 전투력을 유지할 수 있도록 합목적적으로 정해야 할 사항이므로, 헌법재판소로서는 제반사정을 고려하여 법률로 국방의 의무를 구체적으로 형성해야 하는 국회의 광범위한 입법재량을 존중할 필요성이 크다. 이와 함께, 일반적으로 집단으로서의 남성과 여성은 서로 다른 신체적 능력을 보유하는 점, 보충역과 전시근로역도 혹시라도 발생할 수 있는 국가비상사태에 즉시 전력으로 편입될 수 있는 예비적 전력인 점, 비교법적으로 보아도 징병제가 존재하는 70여 개 나라 중에서 여성에게 병역의무를 부과하는 나라는 극히 한정되어 있는 점 등을 고려할 때, 장기적으로는 출산율의 변화에 따른 병역자원 수급 등 사정을 고려하여 양성징병제의 도입 또는 모병제로의 전환에 관한 입법논의가 사회적 합의 과정을 통해 진지하게 검토되어야 할 것으로 예상되지만, 현재의 시점에서 제반 상황을 종합적으로 고려하여 기존 징병제도를 유지하고 있는 입법자의 판단이 현저히 자의적이라고 단정하기 어렵다. 사정이 이러하다면, 병역의무조항으로 인한 차별취급을 정당화 할 합리적 이유가 인정되므로, 병역의무조항은 평등권을 침해하지 아니하고, 헌법에 위반되지 아니한다.

결정의 의의

헌법재판소 4기 재판부는 헌재 2010. 11. 25. 2006헌마328 결정에서 처음으로, 재판관 4[기각, 재판관 이강국, 재판관 김희옥, 재판관 이동흡, 재판관 송두환의 기각의견], 2[기각, 재판관 조대현, 재판관 김종대의 기각의견], 2[위헌, 재판관 이공현, 재판관 목영준의 위헌의견], 1[각하, 재판관 민형기의 각하의견]의 의견으로 대한민국 국민인 남성에게 병역의무를 부과한 병역의무조항이 평등권을 침해하지 아니한다고 결정하였다. 이후 헌법재판소 5기 재판부는 헌재 2014. 2. 27. 2011헌마825 결정에서 위 4기 재판부의 기각의견(4)을 계승하여, 재판관 전원일치의 의견[재판관 박한철, 재판관 이정미, 재판관 김이수, 재판관 이진성, 재판관 김창종, 재판관 안창호, 재판관 강일원, 재판관 서기석, 재판관 조용호]으로 병역의무조항이 평등권을 침해하지 아니한다고 결정하였다. 헌법재판소 6기 재판부는 이 사건에서 재판관 전원일치의 의견으로 현재의 시점에서도 그 차별취급을 정당화할 합리적 이유가 있다고 판단함으로써, 병역의무조항에 대한 헌법재판소의 합헌 결론을 유지하였다.

08 반사회질서의 법률행위를 무효로 하는 민법 제103조 사건

(2023.9.26. 2020헌바552 [민법 제103조 위헌소원]) **[합헌]**

Ⅰ. 판시사항

선량한 풍속 기타 사회질서에 위반한 사항을 내용으로 하는 법률행위를 무효로 하는 민법 제103조(이하 '심판대상조항'이라 한다)가 명확성원칙에 위반되는지 여부(소극)

Ⅱ. 결정요지

심판대상조항은 사회적·문화적 환경의 변화 속에서 실정법에 의하여 미처 구체화되지 못한 사회의 질서를 수용하여 법질서를 보충·구체화하며, 법률행위의 당사자들이 공동체의 전체질서 내에서 사적자치를 발현하도록 하고자 한다. 심판대상조항의 '선량한 풍속'은 사회의 일반적 도덕관념 또는 건전한 도덕관념으로 모든 국민에게 지킬 것이 요구되는 최소한의 도덕률로 해석할 수 있고, '사회질서'란 사회를 구성하는 여러 요소와 집단이 조화롭게 균형을 이룬 상태로 해석할 수 있다. 심판대상조항은 구체적으로 어떠한 내용의 법률행위가 선량한 풍속 기타 사회질서에 위반한 내용의 법률행위에 해당하는지를 일일이 규정하고 있지 않으나, 법률에서 선량한 풍속 기타 사회질서에 위반한 내용으로서 그 효력을 부인해야 하는 법률행위를 빠짐없이 규율하는 것은 입법기술상 매우 어렵고, 나아가 심판대상조항의 입법목적과 기능에 비추어 적절하지도 않다. 또한, 문제되는 법률행위의 내용이 선량한 풍속 기타 사회질서에 위반한 것인지는 헌법을 최고규범으로 하는 전체 법질서, 그 법질서가 추구하는 가치 및 이미 구체화된 개별입법 등을 종합적으로 고려하여 판단되어야 하고, 개별 사례들에 관한 학설과 판례 등의 집적을 통해 그 판단에 대한 예측 가능성을 높일 수 있다. 이로써 문제되는 법률행위가 선량한 풍속 기타 사회질서에 위반한 것인지에 대한 판단은 법관의 주관적·자의적 신념이 아닌 헌법을 최고규범으로 하는 법 공동체의 객관적 관점에 의하여 이루어질 수 있다. 따라서 심판대상조항은 명확성원칙에 위반된다고 볼 수 없다.

> **결정의 의의**
>
> 선량한 풍속 기타 사회질서에 위반한 사항을 내용으로 하는 법률행위를 무효로 하는 민법 제103조는 이른바 '일반조항'으로 불린다.
>
> 헌법재판소는 민법 제103조의 '선량한 풍속 기타 사회질서에 위반한 사항'이 다소 추상적이고 광범위한 의미를 가진 것으로 보이는 용어이기는 하나, 그 문언의 의미, 민법 제103조의 입법목적과 기능, 개별적·구체적 사안에서 문제되는 법률행위가 선량한 풍속 기타 사회질서에 위반한 것인지는 헌법을 최고규범으로 하는 법 공동체의 객관적 관점에 의하여 판단될 수 있다는 점 등을 종합하면 명확성원칙에 위반된다고 볼 수 없다고 판단하였다.

(2023.9.26. 2021헌가23 [정당법 제59조 제2항 등 위헌제청]) **[합헌, 기각]**

Ⅰ. 판시사항

1. 등록을 정당의 설립요건으로 정한 정당법 제4조 제1항(이하 '정당등록조항'이라 한다)이 청구인들의 기본권을 침해하고 헌법에 위반되는지 여부(소극)

2. 정당법상 등록된 정당이 아니면 정당이라는 명칭을 사용하지 못하게 하는 정당법 제41조 제1항 및 제59조 제2항 중 제41조 제1항에 관한 부분(이하 합하여 '정당명칭사용금지조항'이라 한다)이 헌법에 위반되는지 여부(소극)

3. 정당은 수도에 소재하는 중앙당과 5 이상의 특별시·광역시·도에 각각 소재하는 시·도당을 갖추어야 한다고 정한 정당법 제3조, 제4조 제2항 중 제17조에 관한 부분, 제17조(이하 합하여 '전국정당조항'이라 한다)가 청구인들의 기본권을 침해하고 전국정당조항(정당법 제3조는 제외한다)이 헌법에 위반되는지 여부(소극)

4. 시·도당은 1천인 이상의 당원을 가져야 한다고 정한 정당법 제4조 제2항 중 제18조에 관한 부분 및 제18조(이하 합하여 '법정당원수 조항'이라 한다)가 청구인들의 기본권을 침해하고 헌법에 위반되는지 여부(소극)

Ⅱ. 결정요지

1. 정당등록제도는 어떤 정치적 결사가 정당법상 정당임을 법적으로 확인하여 줌으로써 법적 안정성과 확실성에 기여하고, 창당준비위원회가 형식적 요건을 구비하여 등록을 신청하면 중앙선거관리위원회는 이를 반드시 수리하여야 하므로, 정당등록제도가 정당의 이념 등을 이유로 등록 여부를 결정하는 것이라고 볼 수는 없다. 따라서 <u>정당등록조항이 과잉금지원칙을 위반하여 정당의 자유를 침해한다고 볼 수 없다.</u>

2. 정당명칭사용금지조항은 정당법에 따른 등록요건을 갖추지 못한 단체들이 임의로 정당이라는 명칭을 사용하는 것을 금지하여 정당등록제도 및 등록요건의 실효성을 담보하고, 국민의 정치적 의사형성 참여과정에 혼란이 초래되는 것을 방지하기 위한 것이다. 정당의 명칭사용과 관련하여 국민의 정치적 의사형성 참여과정에 위협이 되는 행위만 일일이 선별하여 금지하는 것은 현실적으로 어렵고, 1년 이하의 징역 또는 100만 원 이하의 벌금이라는 법정형이 과도하다고 보기도 어렵다. 따라서 <u>정당명칭사용금지조항이 과잉금지원칙을 위반하여 정당의 자유를 침해한다고 볼 수 없다.</u>

3. 전국정당조항은, 정당이 특정 지역에 편중되지 않고 전국적인 규모의 구성과 조직을 갖추어 국민의 정치적 의사를 균형 있게 집약, 결집하여 국가정책의 결정에 영향을 미칠 수 있도록 함으로써, 헌법 제8조 제2항 후단에 따라 정당에게 부여된 기능인 '국민의 정치적 의사형성에의 참여'를 실현하고자 하는 것이다. 지역적 연고에 지나치게 의존하는 정당정치 풍토가 다른 나라와 달리 우리의 정치현실에서는 특히 문제시되고 있고, 지역정당을 허용할 경우 지역주의를 심화시키고 지역 간 이익갈등이 커지는 부작용을 야기할 수도 있다는 점에서, 정당의 구성과 조직의 요건을 정함에 있어 전국적인 규모를 확보할 필요성이 인정된다. 이러한 정치현실과 우리나라에 현존하는 정당의 수에 비추어 보면, <u>전국정당조항이 과잉금지원칙에 반하여 정당의 자유를 침해한다고 볼 수 없다.</u>

4. 법정당원수조항은 국민의 정치적 의사형성에의 참여를 실현하기 위한 지속적이고 공고한 조직의 최소한을 갖추도록 하는 것이다. 우리나라에 현존하는 정당의 수, 각 시·도의 인구 및 유권자수, 인구수 또는 선거인수 대비 당원의 비율, 당원의 자격 등을 종합하여 보면, 각 시·도당에 1천인 이상의 당원을 요구하는 법정당원수조항이 신생정당의 창당을 현저히 어렵게 하여 과도한 부담을 지운 것으로 보기는 어렵다. 따라서 <u>법정당원수조항이 과잉금지원칙을 위반하여 정당의 자유를 침해한다고 볼 수 없다.</u>

헌법재판소는 이 사건 법정당원수조항과 관련해서는, 심판대상이 실질적으로 동일한 정당법 제18조 제1항에 대하여 이미 기각결정을 한 바 있다(헌재 2022.11.24. 2019헌마445). 위 결정에는 재판관 이석태, 김기영, 이미선의 반대의견이 있었다.

전국정당조항에 대하여는, 그 이유 구성은 다르지만 재판관 5인의 위헌의견이 있었다. 하지만 위헌결정을 위한 심판정족수에는 이르지 못하였으므로 위 조항에 대하여 합헌 및 기각결정을 선고하였다(4:5 합헌).

10 사전투표용지 인쇄날인에 관한 사건

(2023.10.26. 2022헌마232 [공직선거관리규칙 제84조 제3항 위헌확인]) **[기각]**

Ⅰ. 판시사항

1. 공직선거관리규칙 제84조 제3항 중 '사전투표관리관이 투표용지에 자신의 도장을 찍는 경우 도장의 날인은 인쇄날인으로 갈음할 수 있다' 부분이 법률유보원칙에 위배되는지 여부(소극)
2. 이 사건 규칙 조항이 현저히 불합리하거나 불공정하여 청구인들의 선거권을 침해하는지 여부(소극)

Ⅱ. 결정요지

1. 하위법령에 규정된 내용이 법률상 근거가 있는지 여부를 판단함에 있어서는 관련 법령조항 전체를 유기적·체계적으로 고려하여 종합적으로 판단하여야 한다. 사전투표에 관하여 정하고 있는 공직선거법 제158조 제8항은 "전기통신 장애 등이 발생하는 경우 사전투표절차, 그 밖에 필요한 사항은 중앙선거관리위원회규칙으로 정한다."라고 규정하고 있고, 투표절차 일반에 관하여 정하고 있는 같은 법 제151조 제4항을 비롯하여 같은 조 제9항, 같은 법 제157조 제8항에 비추어, 공직선거법은 사전투표 또는 선거일 투표의 투표용지에 관한 사항을 중앙선거관리위원회규칙으로 정할 수 있도록 충분히 그 근거를 마련하고 있다. 아래에서 살펴볼 바와 같이 사전투표가 선거일 투표와 비교하여 위조된 투표용지의 사용 가능성이 높다고 볼 수 없는 점, 사전투표는 선거인별 지정된 투표소가 없어 전국 어느 투표소에서든 투표가 가능하여 투표인원 수 등의 예측이 어렵다는 점을 고려하면, 사전투표의 원활한 진행을 위해서 사전투표용지에 사전투표관리관이 직접 도장을 날인하는 것 외의 방법을 사용할 수도 있다. 이 사건 규칙 조항이 이러한 도장의 날인을 인쇄날인으로 갈음할 수 있도록 하고 있는 것은 그 날인을 선거일 투표와 달리해야 할 특별한 이유가 없음에 기인한 것으로서, 앞서 살펴본 공직선거법 조항들에 근거한 것으로 볼 수 있다. 따라서 심판대상조항이 법률유보원칙에 위배되어 청구인들의 선거권을 침해한다고 볼 수 없다.

2. 사전투표의 경우 전국 어느 투표소에서든 투표가 가능하므로 각 사전투표소에서는 총 방문자 수나 대기시간을 예측하는 것이 현저히 곤란하다. 이 사건 규칙 조항은 이러한 점을 고려하여 사전투표의 효율적 진행을 위해 마련되었다. 사전투표의 경우 투표용지 발급기가 봉함·봉인된 상태에서 사전투표관리관에게 인계되고, 사전투표참관인이 사전투표 상황을 참관하고 사전투표기간 각 일자별 투표가 마감되면 '사전투표록'에 투표용지 발급기에 의한 발급수, 투표용지 교부수를 기록하며, 실물 투표지 역시 존재하는바, 이 사건 규칙 조항으로 인하여 사전투표관리관이 자신의 도장을 직접 찍을 때에 비하여 위조된 투표지의 유입가능성이 있다고 볼만한 사정도 없다. 이를 종합해 보면, 이 사건 규칙 조항이 현저히 불합리하거나 불공정하여 청구인들의 선거권을 침해한다고 볼 수 없다.

결정의 의의

헌법재판소는 투표용지에 자신의 도장을 찍는 경우 도장의 날인을 인쇄날인으로 갈음할 수 있도록 한 이 사건 규칙 조항에 대해 이번 결정으로써 최초로 본안판단을 하였다.

헌법재판소는 공직선거법 조항들의 유기적·체계적 고려, 이 사건 규칙조항의 의의, 사전투표의 특성, 위조된 투표지의 유입가능성을 막기 위한 제도의 존재 등을 바탕으로 판단하면서, 이 사건 규칙조항이 법률유보원칙에 위배되지 않고 입법형성권의 한계를 일탈하지 않는다고 보았다.

이에 대한 재판관 김형두의 보충의견의 취지는, 비록 이 사건 규칙 조항이 입법형성의 한계를 일탈하였다고 보기는 어려우나, 선거의 효율성을 일부 포기하더라도 부정선거가 발생할 가능성을 조금이나마 낮추고 그 의혹 내지 우려를 불식시켜 선거의 공정성을 더욱 도모하는 방향으로 입법개선이 이루어지는 것이 바람직하다는 것이다.

11 인체면역결핍바이러스(HIV) 전파매개행위죄 사건

(2023.10.26. 2019헌가30 [후천성면역결핍증 예방법 제19조 등 위헌제청]) **[합헌]**

Ⅰ. 판시사항

1. 후천성면역결핍증 예방법 제19조 "감염인은 혈액 또는 체액을 통하여 다른 사람에게 전파매개행위를 하여서는 아니 된다"는 전파매개행위의 금지 및 처벌 조항에 대한 제한적 해석의 필요성
2. 심판대상조항의 죄형법정주의 명확성원칙 위반 여부(소극)
3. 심판대상조항이 과잉금지원칙을 위반하여 사생활의 자유 및 일반적 행동자유권을 침해하는지 여부(소극)

Ⅱ. 결정요지

1. 합헌의견

(1) 인체면역결핍바이러스 감염인이 치료를 받아 체내에 인체면역결핍바이러스가 검출한계치 미만으로 억제된 상태에 있으면, 별다른 예방조치가 없더라도 그와 전파매개행위를 한 상대방은 바이러스에 감염된 사례를 발견할 수 없다는 것이 다수의 대규모 임상연구에서 드러난 공통된 결과이다. 국제연합(UN) 소속 에이즈 예방활동기구인 유엔에이즈계획(UNAIDS)의 'U=U' 캠페인은 이러한 연구결과를 반영한 것으로, '인체면역결핍바이러스 미검출 = 미전파'(Undetectable = Untransmittable)라는 것이다. 이러한 인체면역결핍바이러스의 전파가능성에 대한 현재의 의학수준과 국민의 법의식 등을 반영한 규범적 재평가의 필요성, 상대방의 자기결정권 보장 필요성, 상대방에 의한 심판대상조항의 악용가능성 방지 필요성 등을 고려하면, 심판대상조항은 '의학적 치료를 받아 인체면역결핍바이러스의 전파가능성이 현저히 낮은 감염인이 상대방에게 자신이 감염인임을 알리고 한 행위'에는 적용되지 않는 것으로 해석함이 타당하다.

(2) 인체면역결핍바이러스 감염을 예방하고자 하는 심판대상조항의 입법취지를 고려하면, 심판대상조항이 규정하는 '체액'이란 타인에게 감염을 일으킬 만한 인체면역결핍바이러스를 가진 체액으로 한정되고, '전파매개행위'는 체액이 전달되는 성행위, 모유수유, 혈액이 전달되는 오염된 주사바늘이나 의료 기구 사용, 수혈, 혈액제제 투여 등과 같이 인체면역결핍바이러스 감염가능성이 있는 행위에 국한될 것임을 예측할 수 있다. 한편, 비감염인의 건강권을 효과적으로 보장하기 위해서는 감염인과 성행위를 하는 상대방의 자기결정권 보장이 전제되어야 한다는 점을 고려하면, 심판대상조항은 '의학적 치료를 받아 인체면역결핍바이러스의 전파가능성이 현저히 낮은 감염인이 상대방에게 자신이 감염인임을 알리고 한 행위'에는 적용되지 않는 것으로 해석함이 타당하다. 의학적 치료를 받아 타인을 인체면역결핍바이러스에 감염시킬 가능성이 현저히 낮은 감염인이라 하더라도 상대방에게 자신이 감염인임을 알리지 않고 예방조치 없이 성행위를 한 경우에는, 심판대상조항에서 금지 및 처벌대상으로 규정한 '전파매개행위'에 해당할 것임을 예측할 수 있다. 따라서 심판대상조항은 법 집행기관에 의한 자의적 해석가능성이 있다고 할 수 없고, 심판대상조항에 대한 법관의 보충적인 해석이 필요하더라도 건전한 상식과 통상적인 법감정을 가진 사람으로 하여금 금지 및 처벌되는 행위를 충분히 알 수 있도록 규정하고 있다고 할 것이므로, 죄형법정주의의 명확성원칙을 위반하지 않는다.

(3) 심판대상조항에 대한 앞서 본 바와 같은 해석을 전제로, 의학적 치료를 받아 인체면역결핍바이러스의 전파가능성이 현저히 낮은 감염인은, 상대방에게 자신이 감염인이라는 사실을 알리고 그의 동의를 받은 경우 예방조치 없이도 성행위를 할 수 있다. 심판대상조항에 따라 처벌 가능한 법정형의 종류에는 벌금형이 없으나, 징역형의 하한에 제한을 두지 않고 있으므로 1월부터 3년까지 다양한 기간의 징역형을 선고하는 것이 가능하고, 작량감경을 하지 않더라도 결격사유가 있는 경우가 아니라면 징역형의 집행유예나 선고유예를 선고할 수 있으므로, 책임에 비례한 형을 선고하는 것이 가능하다. 심판대상조항으로 인하여 감염인에게는 자유로운 방식의 성행위가 금지되므로 그의 사생활의 자유 및 일반적 행동자유권이 제한될 수 있다. 그러나 상대방은 아무런

영문도 모른 채 감염인과의 성행위로 인하여 완치가 불가능한 바이러스에 감염되어 평생 매일 약을 복용하여야 하는 등 심각한 위험에 처하게 될 수 있다. 이러한 점을 감안하면, 감염인의 제한 없는 방식의 성행위 등과 같은 사생활의 자유 및 일반적 행동자유권이 제약되는 것에 비하여 국민의 건강 보호라는 공익을 달성하는 것은 더욱 중대하다. 따라서 심판대상조항은 과잉금지원칙을 위반하여 감염인의 사생활의 자유 및 일반적 행동자유권을 침해하지 아니한다.

2. 일부위헌의견(재판관 유남석, 김기영, 문형배, 이미선, 정정미)

(1) 죄형법정주의의 명확성원칙 위반 여부(소극)

심판대상조항에서 금지 및 처벌하는 대상물질 및 행위인 '체액'과 '전파매개행위'는 인체면역결핍바이러스의 전파가능성이 있는 물질 또는 행위에 국한되는 것으로 수범자가 예측할 수 있다.

심판대상조항은 감염인이나 전파매개행위라는 용어에 대하여 어떠한 예외를 규정하거나 금지 및 처벌의 범위를 한정하는 표지를 두고 있지 않기 때문에, 자신의 감염상태를 알고 있는 감염인이라면 치료 이력을 고려하지 않고 일률적으로 그의 전파매개행위를 금지 및 처벌대상으로 삼고 있음이 분명하다.

따라서 심판대상조항은 죄형법정주의의 명확성원칙을 위반하지 않는다.

(2) 과잉금지원칙을 위반하여 사생활의 자유 및 일반적 행동자유권을 침해하는지 여부(일부 적극)

심판대상조항에 의하면, 감염인이 위와 같은 치료를 받아왔음이 증명되어 의학적으로 타인을 인체면역결핍바이러스에 감염시킬 가능성이 없다고 보는 경우에도 처벌을 면할 수 없게 된다.

치료를 중단하면 감염인의 체내에서 인체면역결핍바이러스가 다시 증식하여 타인을 바이러스에 감염시킬 가능성이 생기지만, 치료를 받는 것은 감염인 본인의 생존과 직결되므로, 의료진의 처방을 받았음에도 복약지시를 고의로 이행하지 않는 등 치료를 중단하는 경우는 특단의 사정이 없는 한 상정하기 어려운 일이다.

또한, 감염인이 치료를 성실히 이행함으로써 타인을 바이러스에 감염시킬 가능성이 없는 상태에 있었는지 여부는 객관적 자료, 예컨대, 정기적 진료 기록, 혈중 인체면역결핍바이러스 검사 기록, 치료제 처방 이력, 진료한 의사에 대한 의견 조회 등을 통해 증명될 수 있다.

심판대상조항은 감염인 중에서도 의료인의 처방에 따른 치료법을 성실히 이행하는 감염인의 전파매개행위까지도 예외 없이 전부 금지 및 처벌대상으로 포함함으로써, 이들의 사생활의 자유 및 일반적인 행동자유권을 감내하기 어려운 정도로 제한하고 있다. 반면, 이들의 기본권을 제한함으로써 얻을 수 있는 인체면역결핍바이러스의 전파 방지 효과는 불분명하다.

따라서 심판대상조항 중 '의료인의 처방에 따른 치료법을 성실히 이행하는 감염인의 전파매개행위를 금지 및 처벌하는 부분'은 과잉금지원칙을 위반하여 이들의 사생활의 자유 및 일반적인 행동자유권을 침해한다.

결정의 의의

이 사건은 인체면역결핍바이러스 감염인의 전파매개행위에 대하여 헌법재판소가 판단한 최초의 사례로, 변론을 실시하여 질병관리청, 당해사건 피고인의 대리인, 참고인(의료전문가, 교수)의 의견을 청취하였다.

심판대상조항에 대한 합헌의견이 재판관 4인, 일부위헌의견이 재판관 5인으로, 일부위헌의견이 다수이기는 하나 위헌결정을 위한 심판정족수(6인)에는 이르지 못하여 합헌을 선고하였다.

12 '노란봉투법' 법률안 직회부 관련 권한쟁의 사건

(2023.10.26. 2023헌라3 [국회의원과 국회 환경노동위원회 위원장 등 간의 권한쟁의]) **[기각]**

Ⅰ. 판시사항

1. 피청구인 국회 환경노동위원회 위원장이 피청구인 국회의장에게 노동조합법 일부개정법률안 등의 본회의 부의를 요구한 행위에 대한 권한침해확인청구 및 무효확인청구 (기각)

2. 국회의장이 노동조합법 일부개정법률안 등 본회의 부의의 건에 대해 가결을 선포한 행위에 대한 권한침해확인청구 및 무효확인청구 (기각)

Ⅱ. 결정요지

1. 피청구인 환노위 위원장의 이 사건 본회의 부의 요구행위는 국회법 제86조 제3항의 절차를 준수하여 이루어졌고, 그 정당성이 국회법 제86조 제4항이 정하고 있는 본회의 내에서의 표결절차를 통해 인정되었다. 따라서 피청구인 환노위 위원장의 이 사건 본회의 부의 요구행위에는 국회법을 위반한 위법이 없다. 한편, 법사위 전체회의의 기재내용에 의하면, 법사위는 체계·자구 심사를 위해 반드시 필요하다고 보기 어려운 절차를 반복하면서 체계·자구 심사절차를 지연시키고 있었던 것으로 보이고, 달리 국회 내의 사정에 비추어 법사위가 심사절차를 진행하는 것이 현저히 곤란하거나 심사기간 내에 심사를 마치는 것이 물리적으로 불가능하였다고 볼만한 사정도 인정되지 아니하므로, 국회법 제86조 제3항의 '이유 없이'를 실체적으로 판단하더라도 법사위의 심사지연에는 여전히 이유가 없다. 이처럼 피청구인 환노위 위원장의 이 사건 본회의 부의 요구행위는 청구인들의 법률안 심의·표결권을 침해하지 아니하였다고 판단되므로, 그 침해를 전제로 하는 이에 대한 무효확인청구는 더 나아가 살펴볼 필요 없이 이유 없다.

2. 선행 절차인 피청구인 환노위 위원장의 이 사건 본회의 부의 요구행위에 권한침해 사유가 존재하지 아니하는 이상, 그 하자가 후행 절차인 피청구인 국회의장의 이 사건 가결선포행위에 승계된다는 청구인들의 주장은 이유 없고, 직권으로 살펴보아도 피청구인 국회의장의 이 사건 가결선포행위는 국회법 제86조 제4항의 절차를 준수한 것으로, 여기에 독자적인 절차나 내용상의 하자가 없다. 따라서 피청구인 국회의장의 이 사건 가결선포행위는 청구인들의 법률안 심의·표결권을 침해하지 아니하고, 그 침해를 전제로 하는 이에 대한 무효확인청구 역시 이유 없다.

결정의 의의

2023헌라2 사건 및 2023헌라3 사건은 국회법 제86조 제3항의 '이유 없이'의 해석이 문제된 최초의 사건이다. 국회법 제86조 제3항의 해석과 관련하여, ① 재판관 유남석, 김기영, 문형배, 이미선, 정정미는 국회법이 '이유 없이'에 대한 판단이 '소관 위원회 위원장의 간사와의 협의 또는 소관 위원회 재적위원 5분의 3 이상의 찬성 의결, 국회의장의 교섭단체 대표의원과의 합의 또는 본회의에서의 표결'이라는 국회 내부의 절차를 통해 자율적으로 이루어질 수 있도록 제도를 설계하고 있다고 보았다. 국회가 이러한 절차를 준수하여 법률안을 본회의에 부의하기로 결정하였다면, 특별한 사정이 없는 한 이러한 결정은 존중되어야 하고 국회 이외의 기관이 그 판단에 개입하는 것은 가급적 자제되어야 한다는 것이다.

또한, '이유 없이'의 의미를 실체적으로 판단하는 경우에도 개별적이고 구체적인 사정을 일일이 고려하여 이유의 유무를 판단해서는 아니되며, '법사위의 책임 없는 불가피한 사유로 그 기간을 준수하지 못하였는지 여부'를 기준으로 엄격하게 판단함이 타당하다고 보았다.

이에 비해, ② 재판관 이은애, 이종석, 이영진, 김형두는 국회법 제86조 제3항의 '이유 없이'는 '60일의 기간 내에 법률안에 대한 체계·자구 심사를 마칠 것을 기대하기 어려운 객관적이고 합리적인 사유 없이'를 의미하는 것으로, 이에 대한 구체적 판단은 구체적이고 개별적인 사정을 종합적으로 고려하여 이루어져야 한다고 보았다.

재판관 유남석, 김기영, 문형배, 이미선, 정정미는 국회법 제86조 제3항에 대한 위 ①과 같은 해석을 전제로, 2023헌라2 및 2023헌라3 사건에서 모두 피청구인 과방위 위원장과 피청구인 환노위위원장이 국회법 제86조 제3항이 정하고 있는 절차에 따라 소관 위원회 재적위원 5분의 3 이상의 찬성으로 법률안에 대해 본회의 부의 요구를 하였고, 피청구인 국회의장이 법률안의 본회의 부의 여부를 본회의의 안건으로 상정하고 무기명투표로 이루어진 표결에서 재적의원 과반수의 출석, 출석의원 과반수의 찬성을 통해 이러한 소관 위원회의 판단의 정당성이 확인된 이상, 피청구인 과방위 위원장과 피청구인 환노위위원장의 이 사건 본회의 부의 요구행위는 모두 국회법상의 절차를 준수한 것으로 판단하였다.

재판관 이은애, 이종석, 이영진, 김형두는 국회법 제86조 제3항에 대한 위 ②와 같은 해석을 전제로, 2023헌라2 및 2023헌라3 사건에서 개별적이고 구체적 사정을 고려하여 각각의 사안에서 법사위의 심사지연에 이유가 있는지 여부를 판단하였다.

이에 따라 2023헌라2 사건에서는 소관 위원회인 과방위가 법률안에 대해 충실하게 심사하였다고 보기 어려워 법사위가 법률안의 위헌성이나 체계정합성에 대한 심사를 계속하여야 할 합리적인 사유가 인정된다고 보아, 법사위의 심사지연에 이유가 있다고 판단하였다. 반면, 2023헌라3 사건에서는 법사위가 소관 위원회인 환노위에서 이미 논의한 사항을 반복하거나 반드시 필요하다고 보기 어려운 절차진행을 주장하면서 60일의 기간을 도과하였다고 보아, 법사위의 심사지연에 이유가 없다고 판단하였다.

구분		5인(법정의견)*	4인 **
환노위위원장 본회의 부의 요구행위	권한침해확인청구	기각	기각(별개의견)
	무효확인청구	기각	
국회의장 가결 선포행위	권한침해확인청구	기각	
	무효확인청구	기각	

* 5인(법정의견): 유남석, 김기영, 문형배, 이미선, 정정미
** 4인: 이은애, 이종석, 이영진, 김형두

13 '방송법 등' 법률안 직회부 관련 권한쟁의 사건

(2023.10.26. 2023헌라2 [국회의원과 국회 과학기술정보방송통신위원회 위원장 등 간의 권한쟁의]) **[기각]**

Ⅰ. 판시사항

1. 피청구인 국회 과학기술정보방송통신위원회 위원장이 피청구인 국회의장에게 방송법 일부개정법률안 등의 본회의 부의를 요구한 행위에 대한 권한침해확인청구 및 무효확인청구 (기각)
2. 국회의장이 방송법 일부개정법률안 등 본회의 부의의 건에 대해 가결을 선포한 행위에 대한 권한침해확인청구 및 무효확인청구 (기각)

Ⅱ. 결정요지

1. 이 사건 본회의 부의 요구행위는 국회법 제86조 제3항의 절차를 준수하여 이루어졌고, 그 정당성이 국회법 제86조 제4항이 정하고 있는 본회의 내에서의 표결절차를 통해 인정되었다. 따라서 피청구인 과방위 위원장의 이 사건 본회의 부의 요구행위에는 국회법을 위반한 위법이 없다. 한편, 법사위 전체회의 및 제2소위 회의의 회의록의 기재내용에 의하면, 법사위는 체계·자구 심사권한을 벗어나는 내용에 대한 정책적 심사를 하면서 60일의 심사기간을 도과한 것으로 보이므로, 국회법 제86조 제3항의 '이유 없이'를 실체적으로 판단하더라도 법사위의 심사지연에는 여전히 이유가 없다. 이처럼 피청구인 과방위 위원장의 이 사건 본회의 부의 요구행위는 청구인들의 법률안 심의·표결권을 침해하지 아니하였다고 판단되므로, 그 침해를 전제로 하는 이에 대한 무효확인청구는 더 나아가 살펴볼 필요 없이 이유 없다.
2. 선행 절차인 피청구인 과방위 위원장의 이 사건 본회의 부의 요구행위에 권한침해 사유가 존재하지 아니하는 이상, 그 하자가 후행 절차인 피청구인 국회의장의 이 사건 가결선포행위에 승계된다는 청구인들의 주장은 이유 없고, 직권으로 살펴보아도 피청구인 국회의장의 이 사건 가결선포행위는 국회법 제86조 제4항의 절차를 준수한 것으로, 여기에 독자적인 절차나 내용상의 하자가 없다. 따라서 피청구인 국회의장의 이 사건 가결선포행위는 청구인들의 법률안 심의·표결권을 침해하지 아니하고, 그 침해를 전제로 하는 이에 대한 무효확인청구 역시 이유 없다.

결정의 의의

[1] 헌법재판소는 2023. 10. 26. ① 재판관 5:4의 의견으로, 피청구인 국회 과학기술정보방송통신위원회 위원장이 2023. 3. 21. 피청구인 국회의장에게 방송법 일부개정법률안[대안], 방송문화진흥회법 일부개정법률안[대안], 한국교육방송공사법 일부개정법률안[대안]의 본회의 부의를 요구한 행위에 대한 권한침해확인청구를 기각하고, ② 재판관 전원의 일치된 의견으로, 피청구인 국회 과학기술정보방송통신위원회 위원장의 위 본회의 부의 요구행위의 무효확인청구 및 피청구인 국회의장이 2023. 4. 27. 개의된 제405회 국회[임시회] 제5차 본회의에서 '위 각 법률안 본회의 부의의 건'에 대해 가결을 선포한 행위에 대한 권한침해확인청구 및 무효확인청구를 기각하였다. [기각]

구분		5인(법정의견)*	4인 **
과방위위원장 본회의 부의 요구행위	권한침해확인청구	기각	인용(반대의견)
	무효확인청구	기각	기각(별개의견)
국회의장 가결 선포행위	권한침해확인청구	기각	기각(별개의견)
	무효확인청구	기각	기각(별개의견)

* 5인(법정의견): 유남석, 김기영, 문형배, 이미선, 정정미
** 4인: 이은애, 이종석, 이영진, 김형두

14 불법 인터넷 사이트 접속차단 사건

(2023.10.26. 2019헌마158 [웹사이트 차단 위헌확인]) **[기각]**

Ⅰ. 판시사항

방송통신심의위원회가 2019. 2. 11. 주식회사 케이티 외 9개 정보통신서비스제공자 등에 대하여 895개 웹사이트에 대한 이용자들의 접속을 차단하도록 시정을 요구한 행위가 통신의 비밀과 자유 및 알 권리 침해 여부(소극)

Ⅱ. 결정요지

이 사건 시정요구는 불법정보 등의 유통을 차단함으로써 정보통신에서의 건전한 문화를 창달하고 정보통신의 올바른 이용환경을 조성하고자 하는 것으로서 그 목적이 정당하다. 보안접속 프로토콜을 사용하는 경우에도 접근을 차단할 수 있도록 SNI를 확인하여 불법정보 등을 담고 있는 특정 웹사이트에 대한 접속을 차단하는 것은 수단의 적합성이 인정된다. 보안접속 프로토콜이 일반화되어 기존의 방식으로는 차단이 어렵기 때문에 SNI 차단 방식을 동원할 필요가 있고, 인터넷을 통해 유통되는 정보는 복제성, 확장성, 신속성을 가지고 있어 사후적 조치만으로는 이 사건 시정요구의 목적을 동일한 정도로 달성할 수 없다. 또한, 시정요구의 상대방인 정보통신서비스제공자 등에 대해서는 의견진술 및 이의신청의 기회가 보장되어 있고, 해외에 서버를 둔 웹사이트의 경우 다른 조치에 한계가 있어 접속을 차단하는 것이 현실적인 방법이다. 따라서 침해의 최소성 및 법익의 균형성도 인정된다. 따라서 이 사건 시정요구는 청구인들의 통신의 비밀과 자유 및 알 권리를 침해하지 아니한다.

결정의 의의

이 사건은, '방송통신심의위원회'의 접속차단 시정요구는, 과거부터 사용되던 DNS 차단 방식, URL 차단 방식 외에 보다 기술적으로 고도화된 SNI 차단 방식을 함께 적용하는 것을 전제로 하더라도, 이용자들의 통신의 비밀과 자유 및 알 권리를 침해하지 않는다고 판단한 결정이다.

한편, 헌법재판소는 같은 날 선고한 2019헌마164(불법 해외 인터넷사이트 접속 차단 기능 고도화 조치 위헌확인) 결정에서 '방송통신위원회'가 정보통신서비스제공자 등에게 앞으로 SNI 차단 방식을 함께 적용하도록 협조를 요청한 행위는 이미 협의된 사항을 전제로 임의적 협력을 요청하는 행정지도에 불과하여 헌법소원의 대상이 되는 공권력의 행사에 해당하지 않는다는 이유로 이에 대한 심판청구를 각하하였다.

15 가축사육 제한구역 지정에 관한 위임법률 사건

(2023.12.21. 2020헌바374 [가축분뇨의 관리 및 이용에 관한 법률 제8조 제1항 위헌소원]) **[합헌]**

I. 판시사항

시장·군수·구청장이 지방자치단체의 조례로 정하는 바에 따라 일정한 구역을 지정·고시하여 가축의 사육을 제한할 수 있도록 한 '가축분뇨의 관리 및 이용에 관한 법률' 제8조 제1항 본문이 포괄위임금지원칙 및 과잉금지원칙에 위배 여부(소극)

II. 결정요지

1. 환경과 조화되는 축산업의 발전 및 국민보건의 향상과 환경보전에 이바지한다는 가축분뇨법의 입법목적(가축분뇨법 제1조)에 비추어보면, 가축사육의 제한은 가축사육에 따라 배출되는 환경오염물질 등이 지역주민에 미치는 지리적·보건적·환경적 영향 등을 종합적으로 고려하여 이루어질 필요가 있고, 이는 지형이나 인구 분포 등 생활환경 및 자연환경에 따라 달라질 수 있는 부분을 포함하므로 각 지방자치단체가 실정에 맞게 전문적·기술적 판단과 정책적 고려에 따라 합리적으로 규율하도록 할 필요성이 인정된다.

   심판대상조항은 가축사육 제한이 가능한 대상 지역의 한계를 설정하고 있고, 가축분뇨법의 입법목적과 가축사육에 따라 배출되는 환경오염물질이나 악취 등으로 인하여 지역주민의 생활환경이나 상수원의 수질이 오염되는 것을 방지하려는 심판대상조항의 목적을 종합적으로 고려하면, 사육대상인 축종이나 사육규모 외에 각 지역의 지형, 상주인구 분포, 인구밀집시설의 존부, 지역 내 가축사육농가의 수, 상수원지역에 미치는 영향 등을 고려하여 구체적인 가축사육제한구역이 정해질 수 있다는 점이 충분히 예측 가능하므로, 심판대상조항은 포괄위임금지원칙에 위배되지 아니한다.

2. 심판대상조항은 가축사육에 따라 배출되는 환경오염물질이나 악취 등으로 인하여 지역주민의 생활환경이나 상수원의 수질이 오염되는 것을 방지하여 국민보건의 향상과 환경보전에 이바지하기 위한 것으로서 입법목적이 정당하고, 지방자치단체별로 일정한 구역에서 가축사육을 제한할 수 있도록 한 것은 환경오염물질의 배출이나 악취의 발생을 사전에 방지하는 데 기여하므로 목적 달성에 적합한 수단이다.

   가축의 사육과정에서 배출되는 오염물질이나 악취의 발생을 저감시키기 위해 축사의 종류나 배설물 관리 등과 관련한 여러 조치가 개발·적용되고 있으나, 오염물질 등의 배출을 전적으로 차단하거나 이를 정화할 수 있는 기술적 조치가 현재 존재하고 있다고 단정하기는 어려우므로, 이를 사전에 억제하기 위해 가축의 사육 자체를 제한할 필요성이 인정된다. 한편, 오염물질 등의 생활환경 내지 자연환경에 대한 영향력의 정도는 가축의 사육이 이루어지는 장소와 관련성이 크고, 장소적 특성을 기준으로 생활환경이나 자연환경에 대한 위해 가능성이 큰 경우에 가축사육의 제한을 허용하는 심판대상조항의 제한은 부득이하며, 달리 입법목적을 심판대상조항과 같은 정도로 달성할 수 있는 대안을 상정하기 어려우므로 심판대상조항은 침해의 최소성을 충족한다.

   가축을 사육하며 축산업에 종사하려는 사람들은 심판대상조항에 의하여, '주거밀집지역으로 생활환경의 보호가 필요한 지역' 등 일정한 지역 내에서 가축사육을 제한받을 수 있다. 그러나 심판대상조항을 통하여 달성되는 국민의 생활환경 및 자연환경 보호의 공익은 제한되는 사익보다 더 중대하다. 심판대상조항은 법익의 균형성을 충족한다. 따라서 심판대상조항은 과잉금지원칙에 위배되지 아니한다.

결정의 의의

이 결정은 시장·군수·구청장이 지방자치단체의 조례로 정하는 바에 따라 일정한 구역을 지정·고시하여 가축의 사육을 제한할 수 있도록 한 '가축분뇨의 관리 및 이용에 관한 법률' 제8조 제1항 본문의 위헌 여부에 대하여 헌법재판소에서 처음 판단한 사건이다.

16 생활폐기물 수집·운반 대행계약 대상 제외 사건

(2023.12.21. 2020헌마189 [폐기물관리법 제14조 제8항 제7호 위헌소원]) **[합헌]**

Ⅰ. 판시사항

생활폐기물 수집·운반 대행계약과 관련하여 뇌물공여, 사기 등 범죄를 범하여 일정한 형을 선고받은 자를 3년 간 위 대행계약 대상에서 제외하도록 규정한 폐기물관리법 제14조 제8항 제7호가 과잉금지원칙에 위배되어 직업수행의 자유를 침해하는지 여부(소극)

Ⅱ. 결정요지

심판대상조항은 생활폐기물 수집·운반 대행계약(이하 '대행계약')과 관련하여 뇌물공여, 사기 등 범죄를 범한 자를 일정 기간 동안 대행계약 대상에서 제외함으로써 생활폐기물 수집·운반 업무의 공정성, 적정성을 확보하고 대행계약의 성실한 이행을 담보하며 대행자의 독과점, 지방자치단체와의 유착 등 문제를 해소하고자 한 것이다.

대행계약과 관련하여 뇌물공여죄 등을 범하여 벌금 이상의 형을 선고받았거나, 사기죄 등을 범하여 벌금 300만 원 이상의 형을 선고받은 경우라면, 생활폐기물 수집·운반 업무의 공정성 및 적정성을 매우 중대하게 침해하였다고 볼 수 있다. 나아가 생활폐기물 수집·운반 업무의 공공성이 높은 점, 대행자에게 지급되는 비용은 지방자치단체의 예산에서 지출되는 점, 그동안 지방자치단체와 대행자 간의 유착비리 등 문제점이 발생하였던 점 등을 고려하면, 심판대상조항이 위와 같은 형을 선고받은 경우에 대하여 재량의 여지없이 3년간 계약대상에서 제외되도록 규정하고 있다고 하더라도 이를 과도한 제재라고 보기는 어렵다.

심판대상조항은 생활폐기물 수집·운반 업무의 공정성 및 적정성을 저하할 수 있는 일부 범죄만을 특정하여 계약제외 대상으로 삼고 있고, 경미한 범행의 경우에는 계약제외 대상이 되지 않도록 하고 있으며, 그러한 범행이 대행계약과 관련성이 있는 경우에만 계약제외 대상이 되도록 하고 있다. 그리고 계약대상 제외도 3년의 기간 동안 한시적으로 이루어진다.

따라서 심판대상조항은 과잉금지원칙에 위배되어 청구인의 직업수행의 자유를 침해한다고 볼 수 없다.

결정의 의의

그동안 생활폐기물 수집·운반 대행자가 지방자치단체와 장기간 반복적으로 수의계약을 하면서 매년 대행료가 과도하게 상승하거나, 지방자치단체와 대행자 간의 유착비리가 발생하거나, 청소서비스의 질이 저하되는 등의 문제점이 발생하였다.

폐기물관리법 제14조 제8항 제7호는 생활폐기물 수집·운반 대행계약과 관련하여 뇌물공여, 사기 등 범죄를 범하여 일정한 형을 선고받은 자를 3년 간 위 대행계약 대상에서 제외하도록 함으로써 위와 같은 문제를 해소하고자 하였다.

헌법재판소는 그와 같은 입법 취지와 제반 사정을 고려하여, 폐기물관리법 제14조 제8항 제7호가 과잉금지원칙에 위배되지 않는다고 판단하였다. 이 결정은 위 조항의 위헌 여부를 판단한 최초의 결정이다.

17 서울시 송파구와 문화재청간의 권한쟁의 사건

(2023.12.21. 2023헌라1 [서울특별시 송파구와 문화재청 간의 권한쟁의]) **[각하]**

Ⅰ. 판시사항

풍납토성 보존·관리 종합계획을 수립하고, 2023. 2. 1. 문화재청 고시 제2023-17호로 서울특별시 송파구 풍납동 일대를 보존·관리구역으로 지정한 문화재청장의 행위를 다투는 서울특별시 송파구의 권한쟁의 청구가 적법한지 여부(소극)

Ⅱ. 결정요지

헌법 제111조 제1항 제4호에 따른 권한쟁의심판의 당사자가 될 수 있는 "국가기관"에 해당하는지 여부는 그 국가기관이 헌법에 의하여 설치되고 헌법과 법률에 의하여 독자적인 권한을 부여받고 있는지, 권한의 존부를 둘러싼 다툼을 해결할 적당한 기관이나 방법이 있는지 등을 종합적으로 고려하여 판단하여야 하고, 오로지 법률에 설치 근거를 둔 국가기관으로서 국회의 입법행위에 의하여 존폐 및 권한범위가 정해지는 국가기관은 '헌법에 의하여 설치되고 헌법과 법률에 의하여 독자적인 권한을 부여받은 국가기관'이라고 볼 수 없다.

문화재청 및 문화재청장은 정부조직법 제36조 제3항, 제4항에 의하여 행정각부 장의 하나인 문화체육관광부장관 소속으로 설치된 기관 및 기관장으로서, 오로지 법률에 그 설치 근거를 두고 있으며 그 결과 국회의 입법행위에 의하여 그 존폐 및 권한범위가 결정된다. 따라서 이 사건 피청구인인 문화재청장은 '헌법에 의하여 설치되고 헌법과 법률에 의하여 독자적인 권한을 부여받은 국가기관'이라고 할 수 없다.

결국, 법률에 의하여 설치된 피청구인에게는 권한쟁의심판의 당사자능력이 인정되지 아니한다.

결정의 의의

이 사건에서 헌법재판소는 피청구인인 문화재청장은 권한쟁의심판 당사자능력이 인정되지 아니한다고 판단하였다.

헌법재판소는 권한쟁의심판의 당사자가 될 수 있는 국가기관의 범위에 관하여, 오로지 법률에 의하여 설치된 국가기관으로서 국회의 입법행위에 의하여 존폐 및 권한범위가 정해지는 국가기관까지 포함되는 것은 아니라는 선례의 해석을 재차 확인하였다.

부록

■ 강제퇴거대상자에 대한 보호기간의 상한 없는 보호 사건

1. 사건의 개요

1. **2020헌가1**

제청신청인 파○○(외국인)은 이집트아랍공화국 국적의 외국인으로 2018. 7. 21. 관광·통과(B-2) 체류자격으로 대한민국에 입국한 후 부여받은 체류기간을 도과하여 대한민국에 체류하던 중이었다. 수원출입국·외국인청장은 2018. 10. 17. 출입국관리법 제51조 제3항에 따라 위 제청신청인을 긴급보호하고, 2018. 10. 18. 같은 법 제46조 제1항 제3호, 제8호, 제11조 제1항 제8호, 제17조 제1항에 따라 위 제청신청인에게 강제퇴거명령을 함과 동시에 같은 법 제63조 제1항에 따라 보호명령을 하였다. 이에 위 제청신청인은 위 강제퇴거명령 및 보호명령의 취소를 구하는 소를 제기하고(수원지방법원 2019구단6240), 위 재판 계속 중 출입국관리법 제63조 제1항 등에 대하여 위헌법률심판제청을 신청하였으며(수원지방법원 2019아4057), 제청법원은 출입국관리법 제63조 제1항에 대한 신청 부분을 받아들여 2020. 1. 23. 이 사건 위헌법률심판을 제청하였다.

2. **2021헌가10**

제청신청인 자○○(외국인)은 방글라데시인민공화국 국적의 외국인으로 2017. 5. 13. 단기상용(C-3-4) 체류자격으로 대한민국에 입국한 후 2017. 8. 7. 난민인정신청을 하여 추가로 기타(G-1-5) 체류자격을 부여받았다. 서울출입국·외국인청장은 2017. 11. 22. 위 제청신청인이 허위초청 행위로 입국하였다는 이유로 출입국관리법 제46조 제1항 제2호, 제3호, 제7조의2 제2호, 제11조 제1항 제3호, 제4호에 따라 위 제청신청인에게 강제퇴거명령을 함과 동시에 같은 법 제63조 제1항에 따라 보호명령을 하였다. 이에 위 제청신청인은 위 강제퇴거명령 및 보호명령의 취소를 구하는 소를 제기하고(서울행정법원 2018구단54708), 위 재판 계속 중 출입국관리법 제63조 제1항 등에 대하여 위헌법률심판제청을 신청하였으며(서울행정법원 2018아12518), 제청법원은 출입국관리법 제63조 제1항에 대한 신청 부분을 받아들여 2021. 2. 9. 이 사건 위헌법률심판을 제청하였다.

2. 심판의 대상

출입국관리법(2014. 3. 18. 법률 제12421호로 개정된 것)

제63조(강제퇴거명령을 받은 사람의 보호 및 보호해제) ① 지방출입국·외국인관서의 장은 강제퇴거명령을 받은 사람을 여권 미소지 또는 교통편 미확보 등의 사유로 즉시 대한민국 밖으로 송환할 수 없으면 송환할 수 있을 때까지 그를 보호시설에 보호할 수 있다.

3. 주 문

출입국관리법(2014. 3. 18. 법률 제12421호로 개정된 것) 제63조 제1항은 헌법에 합치되지 아니한다. 위 법률조항은 2025. 5. 31.을 시한으로 입법자가 개정할 때까지 계속 적용된다.

Ⅰ. 판시사항

1. 강제퇴거명령을 받은 사람을 보호할 수 있도록 하면서 보호기간의 상한을 마련하지 아니한 출입국관리법 제63조 제1항(이하 '심판대상조항'이라 한다)이 과잉금지원칙 및 적법절차원칙에 위배되어 피보호자의 신체의 자유를 침해하는지 여부(적극)
2. 헌법불합치결정을 하면서 계속 적용을 명한 사례

Ⅱ. 판단

1. 출입국관리법상 외국인 보호제도

(1) 출입국관리법상 보호란 '출입국관리공무원이 출입국관리법 제46조 제1항에 따른 강제퇴거 대상에 해당된다고 의심할 만한 상당한 이유가 있는 사람을 출국시키기 위하여 외국인보호실, 외국인보호소 또는 그 밖에 법무부장관이 지정하는 장소에 인치하고 수용하는 집행활동'을 말한다(출입국관리법 제2조 제11호). 출입국관리법상 보호에는 제51조에서 정하는 '강제퇴거대상 심사결정을 위한 보호'와 심판대상조항에서 정하는 '강제퇴거명령의 집행을 위한 보호'가 있다.

(2) 심판대상조항에 따르면, 지방출입국·외국인관서의 장은 강제퇴거명령을 받은 외국인(이하 '강제퇴거대상자'라 한다)을 여권 미소지 또는 교통편 미확보 등의 사유로 즉시 대한민국 밖으로 송환할 수 없으면 송환할 수 있을 때까지 외국인보호실, 외국인보호소, 그 밖에 법무부장관이 지정하는 장소(이하 '보호시설'이라 한다)에 보호할 수 있다. 심판대상조항에 의한 보호는 외국인이 강제퇴거대상에 해당된다고 판단하여 강제퇴거명령을 하였으나 즉시 집행할 수 없는 경우에 강제퇴거명령의 집행을 확보하기 위한 것으로, 강제퇴거대상에 해당하는지 여부를 심사하기 위하여 외국인의 신병을 확보하는 출입국관리법 제51조의 보호와 구분된다.

심판대상조항은 '송환할 수 있을 때까지' 보호할 수 있다고 하여 법문상 보호기간의 제한을 두고 있지 않고, 대신 보호기간이 3개월을 넘는 경우에는 3개월마다 미리 법무부장관의 승인을 받아야 하며 승인을 받지 못하면 보호를 해제하여야 한다(출입국관리법 제63조 제2항, 제3항). 또한 심판대상조항에 따라 보호시설에 보호된 사람은 법무부장관에게 이의신청을 할 수 있고(출입국관리법 제63조 제6항, 제55조), 지방출입국·외국인관서의 장은 직권 또는 피보호자의 청구에 따라 피보호자의 정상, 해제요청사유, 자산, 그 밖의 사항을 고려하여 2,000만 원 이하의 보증금을 예치시키고 주거의 제한이나 그 밖에 필요한 조건을 붙여 보호를 일시해제할 수 있다(출입국관리법 제65조 제1항).

2. 쟁점 및 심사기준

(1) 심판대상조항에 의한 보호는 강제퇴거명령을 즉시 집행할 수 없는 경우 강제퇴거명령의 집행을 확보하기 위하여 강제퇴거대상자를 보호시설에 인치·수용하는 강제조치로, 피보호자의 신체의 자유를 제한한다(헌재 2018. 2. 22. 2017헌가29 참조). 따라서 심판대상조항이 기본권 제한의 한계 원리인 과잉금지원칙과 헌법 제12조의 적법절차원칙에 위배되어 신체의 자유를 침해하는지 여부가 이 사건의 쟁점이다.

(2) 출입국관리행정은 내·외국인의 출입국과 외국인의 체류를 적절하게 통제·조정하여 국가의 이익과 안전을 도모하는 국가행정이다. 출입국관리에 관한 사항 중 외국인의 입국과 국내 체류에 관한 사항은 주권국가로서의 기능을 수행하는 데 필요한 것으로서 광범위한 정책재량의 영역에 있고(헌재 2005.3.31. 2003헌마87; 헌재 2014.4.24. 2011헌마474등 참조), 강제퇴거명령의 집행을 확보하기 위하여 이루어지는 심판대상조항에 의한 보호는 출입국관리행정의 일환으로 볼 수 있다. 그러나 헌법 제12조 제1항의 신체의 자유는 인간의 존엄과 가치를 구현하기 위한 가장 기본적인 최소한의 자유이자 모든 기본권 보장의 전제가 되는 것으로서(헌재 2020.9.24. 2017헌바157등 참조) 그 성질상 인간의 권리에 해당하고, 국내 체류자격 유무에 따라 그 인정 여부가 달라지는 것이 아니다. 따라서 심판대상조항이 신체의 자유를 침해하는지 여부에 대해서는 엄격한 심사기준이 적용되어야 한다.

3. 헌법불합치의견 - 재판관 유남석, 재판관 이석태, 재판관 김기영, 재판관 문형배, 재판관 이미선

(1) 과잉금지원칙 위반 여부

(가) 목적의 정당성 및 수단의 적합성

심판대상조항의 입법목적은, 강제퇴거대상자를 대한민국 밖으로 송환할 수 있을 때까지 보호시설에 인치ㆍ수용하여 강제퇴거명령을 용이하고 효율적으로 집행할 수 있도록 함으로써 외국인의 출입국과 체류를 적절하게 통제하고 조정하여 국가의 안전과 질서를 도모하고자 하는 데에 있다. 이러한 입법목적은 정당하고, 강제퇴거대상자를 대한민국 밖으로 송환할 수 있을 때까지 보호시설에 인치ㆍ수용하여 신병을 확보하는 것은 강제퇴거명령의 집행을 확보하는 효과적인 방법이므로 수단의 적합성도 인정된다.

(나) 침해의 최소성 및 법익균형성

그러나 심판대상조항은 다음과 같은 점에서 침해의 최소성과 법익균형성을 충족하지 못한다.

1) 심판대상조항에 의한 보호는 강제퇴거명령을 발령 즉시 집행할 수 없는 경우 그 집행을 확보하기 위하여 일시적ㆍ잠정적으로 취하는 강제조치이다(헌재 2018.2.22. 2017헌가29 참조). 그런데 심판대상조항은 강제퇴거대상자를 대한민국 밖으로 송환할 수 있을 때까지 보호할 수 있다고 규정하고 있을 뿐 보호기간의 상한을 설정하고 있지 않아 무기한 보호를 가능하게 한다.

강제퇴거명령의 집행을 목적으로 일시적ㆍ잠정적으로 강제퇴거대상자를 특정 장소에 수용하는 보호는 그 본질상 강제퇴거명령을 집행하는 데 필요한 합리적 기간 내에 수용할 때에만 그 정당성을 인정할 수 있다고 할 것이다. 그러나 심판대상조항에 따르면, 예컨대 피보호자가 난민법에 따라 난민인정신청을 하거나 난민불인정결정 등에 이의신청을 하여 관련 절차가 종료될 때까지 강제퇴거명령을 집행할 수 없는 경우(출입국관리법 제62조 제4항 참조), 피보호자가 강제퇴거명령에 대하여 취소소송 등을 제기하거나 민ㆍ형사 분쟁이 계류 중이어서 사실상 강제퇴거명령의 집행이 곤란한 경우 등에는 해당 절차의 진행 상황에 따라 보호기간이 무한정 늘어날 수 있다. 또한 심판대상조항은 다른 국가로부터 입국이 거부되어 송환이 불가능한 경우에도 송환이 가능할 때까지 기간의 제한 없이 계속해서 보호할 수 있도록 한다. 이처럼 상당한 기간 내에 강제퇴거명령을 집행할 수 없는 경우에도 강제퇴거대상자를 장기간 또는 무기한 보호하는 것은 일시적ㆍ잠정적 강제조치로서의 한계를 벗어나 피보호자의 신체의 자유를 중대하게 제한하는 것이다. 나아가 기간의 상한이 정해져 있지 않은 보호는 피보호자로 하여금 자신이 언제 풀려날지 전혀 예측할 수 없게 한다는 점에서 실제의 보호기간의 장단과 무관하게 그 자체로 심각한 정신적 압박감을 불러온다(헌재 2018.2.22. 2017헌가29 중 재판관 이진성, 재판관 김이수, 재판관 강일원, 재판관 이선애, 재판관 유남석의 위헌의견 참조).

심판대상조항에 의한 보호는 강제퇴거명령의 집행 확보 이외의 다른 목적을 위하여 발할 수 없다는 목적상의 한계와 송환이 가능할 때까지 필요한 최소한의 기간 동안 잠정적으로만 보호할 수 있고 다른 목적을 위하여 보호기간을 연장할 수 없다는 시간적 한계를 가지며(대판 2001.10.26. 99다68829 참조), 실제 강제퇴거대상자가 송환되기까지의 보호기간의 평균은 10여 일 남짓에 불과하고 1년 이상의 장기 보호가 문제되는 경우는 소수에 불과하기는 하다. 그러나 이러한 한계는 일시적ㆍ잠정적 조치라는 보호의 성격에서 당연히 도출되는 것이고, 여기서 '송환이 가능할 때까지 필요한 최소한의 기간'이 상당한 기간 내로 제한되어야 하는 규범적 개념인지 여부는 고려되어 있지 않다. 따라서 위와 같은 해석상 한계에도 불구하고 보호기간의 상한을 설정하지 아니한 심판대상조항으로 인하여 장기간 또는 무기한 보호가 가능하고, 피보호자에게 책임을 물을 수 없는 사유로 강제퇴거명령을 집행할 수 없는 경우에도 '즉시 송환할 수 없으면' 실제로 송환될 때까지 장기간 보호할 수 있는 등 보호기간의 상한을 설정하지 않은 데 따른 문제는 여전히 남는다.

한편, 송환을 불가능하게 하는 객관적 사유가 없는데도 피보호자가 송환에 협조하지 않아 강제퇴거명령을 신속하게 집행할 수 없는 경우가 있을 수 있으나, 송환에 협조하지 않는다는 사정만으로 무기한 보호가 정당화되는 것은 아니다. 피보호자의 협조 거부로 강제퇴거명령의 집행이 지연되는 경우에 협조 거부를 보호기간의 연장 사유로 삼을 수는 있으나, 송환업무를 담당하는 출입국관리당국으로서는 송환을 지체시키는 장애를 제거하는 등 송환업무를 성실하게 수행하여야 하므로, 피보호자가 송환에 협조하지 않는다고 하여 언제까지고 송환이 실현될 때까지 계속해서 보호할 수는 없는 것이다.

2) 따라서 적정한 보호기간의 상한이 어느 정도인지는 별론으로 하더라도, 최소한 그 상한을 법에서 명시함으로써 보호기간의 비합리적인 장기화 내지 불확실성에서 야기되는 피해를 방지할 수 있어야 한다. 단지 강제퇴거명령의 효율적 집행이라는 행정목적 때문에 기간의 제한이 없는 보호를 가능하게 하는 것은 행정의 편의성과 획일성만을 강조한 것으로, 피보호자의 신체의 자유를 과도하게 제한한다. 다양한 사정으로 자진 출국하는 것을 선택하지 않았거나 자진 출국하는 것이 불가능했기 때문에 단속되어 보호된 외국인에게는 사실상 '출국할 수 있는 자유'가 있다고 보기 어려우므로, 강제퇴거대상자가 언제든지 출국할 자유가 있고 이로써 보호대상자에서 벗어날 수 있다는 이유로 보호기간의 상한을 두지 않음에 따른 기본권 침해가 완화된다고 볼 수 없다 (헌재 2018.2.22. 2017헌가29 중 재판관 이진성, 재판관 김이수, 재판관 강일원, 재판관 이선애, 재판관 유남석의 위헌의견 참조). 국제적 기준과 외국 입법례를 살펴보더라도, 상당수의 국가가 강제퇴거명령을 받은 사람을 구금할 때 그 기간의 상한을 두고 있다. '제3국 불법체류자의 송환에 대한 회원국 내 공동 기준과 절차에 관한 지침'(이른바 '유럽연합 불법체류자 송환지침', Directive 2008/115/EC of the European Parliament and of the Council of 16 December 2008 on common standards and procedures in Member States for returning illegally staying third-country nationals)은 불필요한 장기구금을 억제하고 강제퇴거대상 외국인의 기본적 인권을 존중하기 위하여 회원국으로 하여금 국내법으로 구금기간의 절대적 상한을 규정하도록 하고 있는데, 최초의 구금기간은 6개월을 넘을 수 없도록 하고 예외적으로 구금을 연장할 수 있으나 연장기간은 최대 12개월로 하도록 하는 등 장기구금에 대한 통제를 강화하고 있다. 이에 따라 유럽연합 회원국들은 위 지침에서 정한 기준과 같거나 혹은 보다 엄격한 구금요건과 절차를 국내법으로 입법하면서 구금기간의 상한을 정하고 있다. 즉 프랑스는 송환이 합리적으로 가능한 외국인을 대상으로 효과적인 신병 확보가 어렵고 효과적인 집행을 보장하기 위한 다른 조치가 충분치 않을 때에 한하여 최대 90일까지 구금을 명할 수 있도록 법으로 규정하고 있고, 독일은 강제추방을 위한 구금을 6개월까지 명할 수 있되, 연장하는 경우에도 최대 12개월을 넘지 못하도록 법으로 규정하고 있다. 대만과 남아프리카공화국도 법률로 강제퇴거대상자의 구금기간을 최대 100일 또는 120일로 제한하고 있다. 이처럼 국제적 기준이나 다른 입법례에서 구금기간의 상한을 정하고 있는 것은 기간이 정해져 있지 않은 구금상태가 중대한 인권침해를 초래할 가능성이 있기 때문이다.

실제 강제퇴거명령을 집행하는 과정에서 송환에 이르기까지 소요되는 기간은 강제퇴거대상자의 협조 여부나 우리나라 또는 송환국의 사정에 따라 달라질 수 있다. 이러한 점을 들어 심판대상조항이 보호기간의 상한을 두지 않은 것의 불가피성을 주장할 수 있으나, 심판대상조항에 의한 보호가 강제퇴거명령의 집행을 목적으로 일시적·잠정적으로 취해지는 조치라는 점과 위와 같이 강제퇴거대상자에 대한 구금기간의 상한을 정하고 있는 국가들이 상당수 있다는 점을 고려하면, 강제퇴거명령을 집행하는 데 필요한 합리적인 보호기간의 상한을 정하는 것이 불가능하다고 볼 수 없다.

3) 보호기간에 상한을 설정할 경우 송환이 지연되어 보호기간의 상한을 도과하게 되면 강제퇴거대상자의 보호를 해제하여야 하는데, 이 경우에 보호해제된 강제퇴거대상자가 잠적하거나 범죄에 노출될 수 있다는 주장이 있을 수 있다. 그러나 이는 아직 현실화되지 않은 막연하고 잠재적인 가능성 내지 일부 상황을 과장한 우려에 불과하므로, 위와 같은 막연한 추정만을 근거로 '기간의 상한이 없는 보호'와 같이 신체의 자유를 중대하게 제한하는 조치가 정당화되기는 어렵다. 대한민국에서 범죄를 범한 외국인이라고 하여 그가 보호해제되면 도주하거나 다시 범죄를 범할 것이라고 단정할 수는 없다. 게다가 강제퇴거대상자 중에는 범죄를 범하여 형을 선고받은 외국인뿐만 아니라 입국이나 체류에 관한 행정법규를 단순히 위반한 외국인도 있을 수 있는데, 이들 모두를 잠재적 도주자 내지는 잠재적 범죄자로 보아 기간의 제한 없이 보호하는 것은 과도한 조치이다(헌재 2018.2.22. 2017헌가29 중 재판관 이진성, 재판관 김이수, 재판관 강일원, 재판관 이선애, 재판관 유남석의 위헌의견 참조).

보호기간에 상한을 두게 될 경우 피보호자가 강제퇴거명령에 대한 취소소송이나 난민인정신청 등을 통해 보호기간의 상한을 도과하게 될 것이라는 점에 대한 우려가 있을 수 있으나, 법원에서 해당 사건을 우선적·집중적으로 심리하고 난민인정 심사 및 결정을 신속히 진행하거나 난민인정신청의 남용을 방지하는 등 제도적 개선을 통하여 보호기간의 상한을 도과하는 경우를 최소화할 수 있다.

나아가 강제퇴거명령의 집행 확보는 심판대상조항에 의한 보호 외에 다양한 수단으로도 가능하다. 예를 들어 출국 요건이 구비될 때까지 강제퇴거대상자의 주거지를 제한하거나 주거지를 정기적으로 보고하는 방법, 신원 보증인을 지정하거나 적정한 보증금을 내도록 하는 방법, 감독관 등을 통하여 강제퇴거대상자를 지속적으로 관찰하거나 감독하는 방법 등 보호를 대체하는 수단을 통하여 강제퇴거명령의 집행을 확보할 수 있다. 따라서 강제퇴거명령의 집행을 확보하기 위하여 기간의 상한 없는 보호와 같이 피보호자의 신체의 자유를 과도하게 제한하는 방식을 반드시 택하여야 하는 것은 아니다.

　4) 한편, 현행 출입국관리법상의 절차나 제도의 운용만으로는 보호기간을 적절히 통제하여 신체의 자유에 대한 과도한 제한을 완화시키기에 부족하다.

먼저, 피보호자는 출입국관리법에 따라 지방출입국·외국인관서의 장에게 보호의 일시해제를 청구할 수 있고, 지방출입국·외국인관서의 장은 직권으로 보호를 일시해제할 수 있다(출입국관리법 제65조). 그러나 강제퇴거 명령 등에 대한 취소소송에서 승소판결을 받은 사정이 있지 않은 한 보호일시해제 여부는 지방출입국·외국인 관서의 장의 전적인 재량사항으로(출입국관리법 제65조, '보호일시해제업무 처리규정' 제6조 참조), 보호의 필요성에 대한 실질적인 검토보다는 행정의 편의를 위해 이루어질 가능성이 크다. 2020헌가1 사건의 법무부장관에 대한 2021. 7. 1.자 사실조회결과 및 법무부장관이 2022. 9. 5. 제출한 참고자료에 따르면, 2013년부터 2017년까지 5년간 이루어진 보호일시해제 건수가 연 평균 120건이고, 2018년부터 2020년까지 3년간 이루어진 보호일시해제 건수가 연 평균 131건이었던 데 비해, 2021년 이루어진 보호일시해제는 461건으로 급증하였는데, 2021년에 보호일시해제 청구와 이에 대한 인용이 급증한 것은 코로나바이러스감염증-19 확산으로 보호소 내 방역관리에 어려움을 겪은 데 따른 것으로 행정상의 편의가 주된 이유였던 것으로 보인다. 출입국관리법 제63조 제4항은 지방출입국·외국인관서의 장은 강제퇴거대상자가 다른 국가로부터 입국이 거부되는 등의 사유로 송환될 수 없음이 명백하게 된 경우에는 보호를 해제할 수 있다고 정하고 있으나, 이 역시 지방출입국·외국인 관서의 장의 전적인 재량사항이다. 이러한 점에 비추어 보면, 보호일시해제제도가 보호기간의 상한을 두지 않은 문제를 보완할 수 있는 장치로 기능한다고 보기 어렵다.

　5) 이상의 사정을 종합하면, 보호시설에서의 무기한 보호 외에 강제퇴거명령의 집행을 확보할 수단이 있음에도 심판대상조항이 기간의 상한 없이 피보호자를 보호할 수 있도록 한 것은 입법목적을 달성하기 위하여 필요한 최소한의 정도를 넘어 피보호자의 신체의 자유를 과도하게 제한하는 것이고, 심판대상조항이 달성하고자 하는 공익이 중요하다고 하더라도 기간의 상한이 없는 보호로 인하여 피보호자의 신체의 자유가 제한되는 정도가 지나치게 크므로, 심판대상조항은 침해의 최소성 및 법익의 균형성 요건을 충족하지 못한다.

(다) 소결

심판대상조항은 과잉금지원칙을 위반하여 피보호자의 신체의 자유를 침해한다.

(2) 적법절차원칙 위반 여부

(가) 헌법 제12조 제1항은 '법률과 적법절차에 의하지 아니하고는 처벌·보안처분 또는 강제노역을 받지 아니한 다.'고 규정하여 적법절차원칙을 천명하고 있다. 적법절차원칙은 형사소송절차에 국한되지 않고 모든 국가작용 전반에 대하여 적용되므로(헌재 1992.12.24. 92헌가8; 헌재 2018.2.22. 2017헌가29 등 참조), 심판대상조항에 의한 보호에 있어서도 헌법상 적법절차원칙은 준수되어야 한다. 그런데 심판대상조항은 헌법상 적법절차원칙의 관점에서 다음과 같은 점이 문제된다.

(나) 행정절차상 강제처분에 의해 신체의 자유가 제한되는 경우, 강제처분의 집행기관으로부터 독립된 중립적인 기관이 이를 통제하도록 하는 것은 적법절차원칙의 중요한 내용에 해당하는바, 구체적인 통제의 모습이나 수준은 강제처분의 목적과 이로써 달성하고자 하는 공익, 강제처분으로 인해 신체의 자유가 제한되는 정도 등 모든 요소를 고려하여 결정되어야 할 것이다. 심판대상조항에 의한 보호는 강제퇴거명령의 집행 확보를 목적으로 하면서도 신체의 자유를 제한하는 정도가 박탈에 이르러 형사절차상 '체포 또는 구속'에 준하는 것으로 볼

수 있는 점을 고려하면, 적법절차원칙상 보호의 개시 또는 연장 단계에서 그 집행기관인 출입국관리공무원으로부터 독립되고 중립적인 지위에 있는 기관이 보호의 타당성을 심사하여 이를 통제할 수 있어야 한다.

출입국관리법에 따르면 지방출입국·외국인관서의 장이 강제퇴거 여부를 심사·결정하여 강제퇴거명령서와 강제퇴거명령의 집행을 위한 보호명령서를 발급하고, 출입국관리공무원이 보호명령과 강제퇴거명령을 집행하도록 되어 있어(출입국관리법 제58조, 제59조 제2항, 제3항, 제62조 제1항, 제63조 제1항, 제6항, 제53조), 형식적으로는 보호명령서를 발급하는 자와 이를 집행하는 자가 분리되어 있기는 하다. 그러나 <u>보호결정을 하는 지방출입국·외국인관서의 장은 독립된 제3의 기관이 아니라 출입국관리공무원이 속한 동일한 집행기관 내부의 상급자에 불과하여 실질적으로 보호결정기관과 그 집행기관이 분리되어 있다고 볼 수 없다. 또한 출입국관리법 제63조 제2항은 보호기간이 3개월을 넘는 경우 지방출입국·외국인관서의 장으로 하여금 3개월마다 미리 법무부장관의 승인을 받도록 하여 보호연장승인기관을 분리하고는 있으나, 법무부장관은 보호명령을 발령·집행하는 행정청의 관리감독청에 불과하여 이를 두고 외부의 중립적·객관적 기관에 의한 심사가 이루어진다고 보기 어렵다.</u>

이와 같이 현재 출입국관리법상 보호의 개시 또는 연장 단계에서 집행기관으로부터 독립된 중립적 기관이 전혀 관여하고 있지 아니한데, 이러한 상황 하에서는 보호의 필요성 등에 대한 심사가 제대로 이루어진다고 보장할 수 없다. 강제퇴거명령이 있으면 거의 자동적으로 보호명령이 발령되고, 지방출입국·외국인관서의 장의 신청이 있으면 거의 예외 없이 법무부장관의 연장승인이 이루어지는 현실은 이러한 점을 방증한다고 할 것이다.

(다) <u>당사자에게 의견 및 자료 제출의 기회를 부여하는 것은 적법절차원칙에서 도출되는 중요한 절차적 요청이므로</u>(헌재 2003.7.24. 2001헌가25; 헌재 2015.9.24. 2012헌바302 참조), 심판대상조항에 따라 보호를 하는 경우에도 피보호자에게 위와 같은 기회가 보장되어야 한다.

그런데 출입국관리법은 심판대상조항에 따른 보호명령을 발령하기 전에 당사자에게 의견을 제출할 기회를 부여하도록 하는 규정을 두고 있지 않다. 행정절차법은 행정청이 당사자에게 의무를 부과하거나 권익을 제한하는 처분을 할 때 당사자 등에게 의견제출의 기회를 주어야 한다고 규정하면서(행정절차법 제22조 제3항), '외국인의 출입국에 관한 처분'을 행정절차법의 적용대상에서 제외하고 있다(행정절차법 제3조 제2항 제9호, 행정절차법 시행령 제2조 제2호). 따라서 현행법상 피보호자는 보호명령절차에서 자신에게 유리한 진술을 하거나 의견을 제출할 수 있는 기회를 부여받고 있지 않다.

보호명령은 강제퇴거명령을 전제로 하고, 강제퇴거명령은 강제퇴거대상자에 해당된다고 의심되는 외국인, 이른바 용의자에 대한 조사를 근거로 이루어지며, 용의자에 대한 조사는 그의 진술을 조서에 적고 그 내용에 대한 추가·변경 등의 청구가 있으면 이를 조서에 적어야 하는 등(출입국관리법 제47조, 제48조 제3항, 제4항) 용의자는 강제퇴거명령절차에서 자신의 의견을 진술할 기회를 부여받는다고 볼 수 있다. 그러나 <u>피보호자는 보호명령절차에서 보호의 필요성이나 도주 우려 등에 대한 의견을 진술할 수 있어야 하고, 강제퇴거명령절차에서 의견을 진술할 기회가 보장되었다고 하여 이와는 독립된 별도의 절차인 보호명령절차에서 의견을 진술할 기회를 배제할 수는 없다.</u> 한편 보호명령에 대한 이의신청 단계에서는 법무부장관이 필요하면 관계인의 진술을 들을 수 있도록 재량으로 규정하고 있을 뿐이고(출입국관리법 제63조 제6항, 제55조 제3항), 보호 연장에 대한 법무부장관의 사전승인 역시 지방출입국·외국인관서의 장이 보호기간 연장의 필요성을 소명하여야 한다고만 규정하고 있어(출입국관리법 시행령 제78조 제2항) 피보호자가 법무부장관에게 의견 및 자료를 제출할 수 있는 절차적 기회가 법령상 마련되어 있다고 볼 수 없다.

(라) 이러한 점들을 종합하면, <u>심판대상조항은 보호의 개시 또는 연장 단계에서 공정하고 중립적인 기관에 의한 통제절차가 없고, 당사자에게 의견을 제출할 기회를 보장하고 있지 아니하므로, 헌법상 적법절차원칙에 위배된다.</u>

(3) 헌법불합치결정과 잠정적용의 필요성

이상 살펴본 것과 같이 심판대상조항은 과잉금지원칙과 적법절차원칙을 위반하여 피보호자의 신체의 자유를 침해하므로, 심판대상조항에 대하여 단순위헌결정을 하는 것이 원칙이다.

그러나 심판대상조항의 위헌성은 보호기간의 상한을 설정하지 아니하여 장기간 또는 무기한 보호가 가능하도록 한 점과 보호의 개시 또는 연장 단계에서 공정하고 중립적인 기관에 의한 통제가 이루어지지 않고, 당사자에게 의견제출의 기회가 부여되어 있지 않은 점에 있다. 이러한 상황에서 심판대상조항에 대하여 단순위헌결정을 할 경우 강제퇴거명령의 집행을 위한 보호의 근거규정이 사라지게 되어 강제퇴거명령을 받은 사람의 신병을 확보할 수 없게 됨으로써 용인하기 어려운 법적 공백이 발생하게 된다. 더욱이 입법자는 보호기간의 상한을 어떻게 설정할 것인지, 보호의 개시나 연장 단계에서 인신구속의 타당성을 심사할 기관을 어떻게 구성할 것인지와 의견제출의 기회를 어떠한 형태로 보장할 것인지 등 절차 형성에 관하여 입법재량을 가진다.

따라서 심판대상조항에 대하여 헌법불합치 결정을 선고하되, 입법자의 개선입법이 이루어질 때까지 계속 적용을 명하기로 한다. 입법자는 가능한 한 빠른 시일 내에 개선입법을 해야 할 의무가 있으므로, 늦어도 2025. 5. 31.까지는 개선입법을 하여야 하고, 그때까지 개선입법이 이루어지지 않으면 심판대상조항은 2025. 6. 1.부터 효력을 상실한다.

Ⅲ. 결론

심판대상조항은 헌법에 합치되지 아니하므로 헌법불합치결정을 함과 동시에 2025. 5. 31.을 시한으로 입법자의 개선입법이 이루어질 때까지 잠정적으로 이를 적용하기로 한다. 아울러 종전에 헌법재판소가 이 결정과 견해를 달리해 심판대상조항이 헌법에 위반되지 아니한다고 판시한 헌법재판소 2018. 2. 22. 2017헌가29 결정은 이 결정과 저촉되는 범위 내에서 변경하기로 한다. 이 결정에 대하여는 재판관 이은애, 재판관 이종석, 재판관 이영진의 반대의견이 있는 외에는 관여 재판관들의 의견이 일치되었고, 재판관 유남석, 재판관 이석태, 재판관 김기영, 재판관 문형배, 재판관 이미선의 헌법불합치의견에 대해서는 재판관 이미선의 보충의견이 있다.

결정의 의의

심판대상조항에서 정하고 있는 '강제퇴거명령의 집행을 위한 보호'에 대해서는 보호기간의 상한이 마련되지 아니하여 사실상 강제퇴거대상자에 대한 무기한 보호가 가능하다는 점, 보호의 개시나 연장 단계에서 중립적 기관에 의하여 보호의 적법성을 판단받을 기회가 존재하지 아니한다는 점 등에서 지속적인 비판이 있어 왔다. 이 결정에서 헌법재판소는 심판대상조항에 의한 보호가 강제퇴거대상자의 신체의 자유를 침해하지 아니한다고 결정하였던 헌법재판소 2018. 2. 22. 2017헌가29 결정을 변경하고, 보호기간의 상한이 존재하지 아니한 것이 과잉금지원칙에 위배되며 보호의 개시나 연장 단계에서 공정하고 중립적인 기관에 의한 통제절차가 없고, 행정상 인신구속을 함에 있어 의견제출의 기회도 전혀 보장하고 있지 아니한 것이 적법절차원칙에 위배되어 피보호자의 신체의 자유를 침해한다고 판단하였다.

다만, 단순위헌결정을 선고하여 심판대상조항이 즉시 효력을 잃게 되면, 강제퇴거대상자를 보호할 수 있는 근거조항이 사라지게 되어 용인할 수 없는 법적 공백이 발생하고, 심판대상조항에 내재된 위헌성을 제거하고 합리적으로 제도를 개선함에 있어 입법자가 입법재량을 가지므로 이를 존중하는 차원에서 잠정적용을 명하는 헌법불합치결정을 선고하였다.

헌법재판소가 헌법불합치결정을 통해 출입국관리법상 보호 제도의 위헌성을 확인한 만큼, 입법자로서는 합리적인 보호기간의 상한을 어떻게 설정할 것인지, 보호의 개시나 연장 단계에서 보호의 타당성을 심사할 역할을 어느 기관에게 부여할 것인지, 새로운 기관을 설립한다면 이를 어떻게 구성할 것인지, 피보호자에 대한 의견제출의 기회를 어떠한 형태로 보장할 것인지 등에 대한 논의를 거쳐 사회적 합의를 바탕으로 제도를 개선하여야 할 책임이 있다.

부록 2 | 판례색인

해커스변호사 헌법 2023년 하반기 중요판례

[헌법재판소]

MEMO